专供版

小女神修炼记

高佰平
编著

哈尔滨出版社
HARBIN PUBLISHING HOUSE

图书在版编目（CIP）数据

小女神修炼记：专供版 / 高佰平编著. 一哈尔滨：哈尔滨出版社，2018.2
ISBN 978-7-5484-3608-9

Ⅰ. ①小… Ⅱ. ①高… Ⅲ. ①女性－青春期－健康教育 Ⅳ. ①G479

中国版本图书馆CIP数据核字（2017）第195223号

书　　名：小女神修炼记：专供版

作　　者：高佰平　编著
责任编辑：张　薇　滕　达
责任审校：李　战
装帧设计：上尚装帧设计

出版发行：哈尔滨出版社（Harbin Publishing House）
社　　址：哈尔滨市松北区世坤路738号9号楼　　邮编：150028
经　　销：全国新华书店
印　　刷：哈尔滨市石桥印务有限公司
网　　址：www.hrbcbs.com　　www.mifengniao.com
E-mail：hrbcbs@yeah.net
编辑版权热线：（0451）87900271　87900272
销售热线：（0451）87900202　87900203
邮购热线：4006900345（0451）87900345　87900256

开　　本：787mm × 1092mm　1/16　印张：16.25　字数：210千字
版　　次：2018年2月第1版
印　　次：2018年2月第1次印刷
书　　号：ISBN 978-7-5484-3608-9
定　　价：42.00元

前言

年轻靓丽的女孩，好比山涧里欢快奔流的小溪，活力四射。然而，她们却难以摆脱“任性公主”的名号。众多的女生都想从内心到外表散发出一种令人瞩目的知性美。但令她们困惑的是——如何能够完成这种转变？

其实，知性和阅读有关。对书的钟爱，能让女人收获思想，收获人生感悟，从而可以从容地观察世界。

这本《女孩修炼记：从任性公主到知性女生的心灵培养手册》，收集了许多经典、充满智慧、贴近生活的小故事，而且每个故事都附有一个点睛之笔——心灵悟语，它会令你从人格、魅力、气质、心智、心态、交友、自信、坚定、突破自我等方面得到心灵的洗礼，进而帮助你在冥冥之中体会做一个知性女生的秘诀，同时让每个读者更加深刻地了解“知性”的含义。

“知性”是理性与感性的结合，是自信与美丽的结合，绝无虚饰与矫情，是自然的流露，是清澈与深沉的内在气质由内而外的自然散发。

知性女生是独立、不受拘束的，她们敢于承受别人不敢经受的历练，敢于挑战别人不敢直面的难题。为了成功，她们可以不断地充电，为的是让气质流淌坚强，流淌品味，流淌知性。当背后困难重重时，你见到的只是她们用机敏的头脑和淡定的表情书写的四个字：游刃有余。

女生的知性能够与世无争，展示健康的心态，可以睿智而豁达地展现自我人格魅力。但仅限于此，还不能算是个“知性”的女性。女生的知性，还应该体现在自己设定的价值观上，并实现自我，彰显自我。

知性女生，会审时度势，跟着时代的脉搏亦步亦趋，她们对新生事物会持一种见怪不怪的洒脱态度，面对喧嚣的尘世，她们知性地待其落定，以理智笑纳势如汹汹，以平静典当余波淼淼，永远不囿于陈规陋习，永远不固执己见。

历经岁月的磨砺，知性女生已褪去年少轻狂，淡然个性张扬，戒骄戒躁，物我两忘。她们的悟性、明理性、综合性都揉捏得恰到好处，她们会冷静地审视自己走过的路，在理智前行的同时，不断回首来时路的一次次蝶变。她们会在一次次的蝶变中挣扎着破茧而出，在一次次的磨砺中成熟起来，并积淀着经验，以一种让人折服的成熟，展现知性女生的魅力。

最后，衷心感谢王伟华、王秀荣、王苹、武秀红、郗祥倩、肖映菁、徐霖、杨喜鸿、张洁、张荣川、张晓雅、吉拥泽、李庆玲、刘丽娟、徐晶等老师和朋友协助并参与本书的创作。没有你们的帮助，我不可能在紧张的工作之余顺利完成这部作品。

目录 / CONTENTS

第一章

人格魅力
——知性女生的“成长养料”

1. 乐于助人

帮人帮己

一天，一只蚂蚁口渴了，来到泉边喝水，突然一阵强风吹过，将正埋头喝水的蚂蚁猛然吹入水中。此时，一只小鸟正在泉边的大树上休息，它发现蚂蚁危在旦夕，急忙摘下一片树叶，抛向水中的蚂蚁。蚂蚁费尽力气爬上树叶，平安地上了岸。

蚂蚁对小鸟的救命之恩万分感激，但不知如何回报。就在蚂蚁踌躇之际，路边来了一个捕鸟人。他看到树上的小鸟，立刻撒开捕鸟网。就在他满怀欣喜地欣赏自己的“杰作”时，蚂蚁爬到他的手臂上狠狠地咬了一口。捕鸟人痛得松开了手中的捕鸟网，捕鸟网张开了，小鸟连忙顺势从网中逃出，飞向了天空。

心灵悟语 我们的生命是有限的，倘若能在这有限的时间里多做些有意义的事情，生命就会变得不同。正如偶尔的举手之劳便能帮助他人走出困境。如果你乐于帮助他人，有一颗黄金般的善良的心，就会在自己遇到困难时获得他人同样的倾力相助。

助人的快乐

从前有一个国王，非常宠爱他的皇后。这位皇后虽然年轻貌美，每天穿着绫罗绸缎，吃着山珍海味，可她却不快乐，整天愁眉紧锁，郁郁寡欢。国王从没见她开心地笑过。

国王很苦恼，就贴出告示，征召名医来医治皇后，想让她变得快乐起来。一天，一位魔术师来到皇宫对国王说："我能让皇后快乐起来。"

"如果你能办成这件事，皇宫里的金银财宝你随便拿。"国王兴奋地说道。

魔术师带着皇后进了一间密室，他用白色的东西在纸上涂了些笔画，然后交给皇后，并嘱咐她点亮蜡烛，看纸上会出现什么。说完，魔术师走开了。在烛光的映照下，皇后看见那些白色的笔画化做美丽的绿色字体——每天做一件善事。

皇后依此去做，不久之后，她果然变得快乐起来。

心灵悟语 有些苦难是注定无法改变的,比如羊注定是会被人吃掉的,这你无须去改变;但有些苦难是可以改变的,比如一个流浪老人的饥饿问题,你只需掏一枚硬币就会有所改变。可许多人宁愿围着待宰的羊徒劳地叹息,却不愿悄悄地去帮助一个人。殊不知，治疗不快乐的秘方正是给予，先让别人快乐起来，以助人乐为乐。

良心的光芒

一位老妇人有两个女儿。为了让女儿们多一些人生历练，老妇人对两个女儿说："你们出门去，三个月后回来把旅途中最得意的一件事告诉我。我要看你们谁所做的事更让人敬佩。"两个女儿听完后，就出发了。

三个月过去了，两个女儿都回来了。老妇人就问她们每人所做的最得意的事。

大女儿说："有一天，我看见一个小孩落入水里，我救他上来，他的家人要送我厚礼，我没有接受。"老人说："这是你应该做的事，如果你见死不救，你的良心一辈子都会过意不去。"大女儿听了母亲的话，认真地点了点头。

小女儿说："有一天，我看见一个病人昏倒在危险的山路上，一个翻身就可能摔死。我走上前一看，那个人竟然是小时候经常欺负我的邻居，过去我几次想报复都没有机会，这回如果我要报复他，可以说是不费吹灰之力，但是我不愿意暗地里害他，于是我把他叫醒，并送他回了家……"老妇人不等女儿把话说完就十分赞赏地说道："你的姐姐做的是符合良心的事，你的行为是以德报怨，这就更难得了。"

心灵悟语 故事中的两姐妹的行为皆遵从了自己良心的要求，大女儿舍身救人的精神是我们一般人都能确认的伦理原则。至于小女儿的宽恕之心，并适时地救助对方的行为，更加彰显了人性的高贵与良心的光芒。

梅尔和希尔

冒险家梅尔和希尔在穿越魔鬼森林的入口处，看到草地上躺着一个人。

梅尔决定停下来帮助那个人，但是希尔不同意："如果我们带上这个累赘，我们会被他拖累的，遇到危险时，甚至会丢掉性命的。"

梅尔没有听从希尔的劝告，毅然地带上了那个虚弱的人一起走。

希尔认为自己没有多余的力气来帮助这个人，所以她一个人先走了。

梅尔扶着这个人艰难地走着，她的体温渐渐温暖了这个人。这个人似乎有些清醒了，不久他已经可以自己慢慢走动了。

当他们并肩前行了两天后，终于赶上了希尔，不过，她此时已是一具被猛兽咬死的尸体了。当梅尔对前路感到恐慌时，身边被救的人告诉她，自己曾经穿越过森林好几次并找到了一条相对安全的道路。在这人的陪同下梅尔安全地穿越了魔鬼森林。

心灵悟语 在你有能力帮助他人时，不要给予需要帮助的人冷漠，也不要计较回报，因为当你给予他人帮助的同时，自己也能积聚一份前行的力量。

做到“助人为乐”

根据《史记·秦本纪》记载，秦穆公丢失了一匹良马，被生活在岐山下的三百多个乡里人捉住并吃掉了。

后来，当地官员抓住了那些吃马人，准备严加惩治，但是秦穆公在了解了具体情况后制止了官员。

秦穆公对当地官员说：“君子不因为牲畜而伤害他人，我听说吃良马肉不喝酒会伤人。”

就这样，穆公请那些人喝酒，并最终赦免了那些人。

过了许多年，秦国与晋国爆发了战争，秦穆公亲自迎战，结果被晋军包围，并且受了重伤。

正在危急时刻，岐山下那些曾吃良马肉的三百多人闻讯赶来。他们勇猛地冲向晋军，“皆推锋争死，以报食马之德”。

最后，秦穆公在众人的帮助下躲过了那场劫难，逃离了险地。本来是自己赦免的人，双方没有根本的利害关系，但是秦穆公在生死关头得到了对方的回报，这就是平日真心待人、提供必要帮助，从而在关键时刻获得回报的最好证明。

心灵悟语 助人为乐，是中华民族优秀传统文化的闪光点，也是我们做人的良好品德。帮助了别人，别人就会对你感恩，你的人际关系将更加和谐，而当你有了困难时，对方也一定会愿意帮助你，所以说帮助别人就等于帮助自己。你的善良将会为你广聚好人缘，成为你一生的财富。

2. 与人为善

行善从身边的小事做起

大学的第一个学期结束了，每到放假的时候车票都很难买。不过，玲玲和蒙蒙已经提前订到了回家的座票，收拾好行李后，两个人就兴高采烈地踏上了归家的旅程。

上车后，玲玲发现有位女士坐在她们的位子上，蒙蒙示意玲玲先坐在女士旁边的位子上，而没有让对方起身让位。玲玲感到有点奇怪，当她要对旁边的女士说那是她们的座位的时候，才发现女士的右脚有残疾，这才明白蒙蒙为何不请她让出位子。

中途的时候，玲玲要换给蒙蒙坐会儿，可是蒙蒙担心这样换来换去会影响到那位行动不方便的女士。所以，蒙蒙就这样从起点站一直站到了终点站，从头到尾都没有向那位女士表示那个位子是自己的。

到站下了车之后，玲玲对蒙蒙说："让座是一种善行，但从起点站到终点站这么久，大可在中途请她把位子还给你，换你坐一下啊。"

蒙蒙却说："人家不方便一辈子，我们才不方便这几个小时而已。"听到蒙蒙的话，玲玲的心被触动了，有这么一位善良而又为善不欲人知的好朋友，她觉得很自豪。她用钦佩的目光望着蒙蒙说道："我现在才真正体会到行善的真谛——从身边的小事做起。"

心灵悟语　行善无国界，更没有大小，当你做一件小小的又不为人知的善事时，也许你会不以为然，但是在别人的眼中，这是一种值得敬佩的伟大行为。总之，我们行善要从身边的小事做起。

十善鱼的故事

在山的另一边，有一个珊瑚礁海域，人们把这里视为“魔鬼域”，从来没有人敢靠近。

有一天，来了一个青年勇者，他在这个人人恐惧的地方发现了一种叫做十善鱼的小鱼，这种鱼可以驱散恶气。

“魔鬼域”中，其他的鱼都在不停地寻找食物，只为了填饱自己的肚子，直到某日自己也变成了食物。在这样一个弱肉强食、竞争激烈的海底世界里，十善鱼没有鲨鱼一般强壮凶猛的身躯，也没有墨鱼一样灵活乖巧的伪装，更不像海蜗牛可以用剧毒作为武器来保护自己。可它们却从来不会受到其他鱼类的伤害和攻击。那么，十善鱼到底有什么防身高招呢？原来，十善鱼正如它的名字一样，它的本能正是用自己这点小小的力量去帮助那些过往的各式鱼类避免被珊瑚礁所伤。它们每天都会守在礁石口，就好像“守门神”一样，认真地保护着每位“主人”和“客人”。

每条十善鱼都有自己的位置，它们分工明确，而且秩序井然，从来不会影响到其他鱼类。有些凶悍的肉食鱼类和身躯庞大的鱼类会让别的鱼闻风而逃。但是，十善鱼在面对这些鱼时，会将自己的生死置之度外，为了不让它们因为礁石口太小而擦伤皮肉，十善鱼会亲自引路，把它们带到一些礁石口大一点的地方，让它们安全通过。

因此，多少年来，始终在为其他鱼类“服务”的十善鱼从未遭遇过危险。

心灵悟语 千万不要吝啬对别人的帮助，帮助别人往往会给自己带来生机和希望。正如那些不顾自身安危，而为其他鱼类排忧解难的十善鱼一样，正是因为只懂得施善，而不图得到，只在乎付出，而不求回报，它们才能够在这样处处存在凶险的环境中与众生和谐相处，安享太平。可见，行善就是积德。从现在开始，我们也要努力做一个与人为善、与邻为友的人，只有这样，我们的人生才会更加绚丽多彩。

带着善良上路

有个人贩子，一天拐来了一个5岁的小男孩。小男孩在被送往外地的路上，没有像其他的孩子那样哭闹，而是一直叫人贩子叔叔，并且很听对方的话。

一天，小男孩从自己口袋里掏出一颗糖说："叔叔，我最爱吃这种糖了，你的孩子也喜欢吃糖吗？"人贩子没有回答，小男孩接着说，"叔叔，给你吃糖，可甜了！"

小男孩的话让人贩子想起了自己5岁的女儿，女儿也喜欢吃糖，而且每次吃的时候都会往他嘴里送一颗，然后轻轻地问道："爸爸，甜吗？"想到这里他觉得幸福极了，也才意识到，即使生活在最困苦的时候，也有它甜的一面。

小男孩的童心，唤醒了人贩子的良心，也唤醒了他对人间亲情的珍爱之情。于是他带小男孩去自首了。案子破了以后，犯案的其他人都被判了死刑，只有他判了15年有期徒刑。

心灵悟语 一个有善心的人，不仅可以帮助他人，也可以帮到自己。在人生的旅途中，我们每个人都应带着善良上路，因为善良是生命的守护神，它会带给人幸运、友爱以及人间最美的祝福。

善良会让你更美丽

馨儿是一家外贸公司的公关部经理，她很漂亮，而且工作能力也很突出。有一次，因为她的工作表现突出，公司奖励她一个月的休假时间。

馨儿准备利用这个难得的假期去一趟她心仪已久的丽江，去体会一下丽江古城的美景。巧的是，馨儿的一位朋友要去云南做慈善工作。于是，两个人就一起前往云南。她们开车一路向南，山里的空气很清新，打开车窗，闻着植物和泥土的味道，听着车里轻快的音乐，感觉就像与大自然融合在一起，非常惬意。

由于离丽江还有一段路程，在朋友的建议下，馨儿决定和对方一起前往一个不知名的小村庄。那里没有大城市的繁华，山清水秀，绝对可以称得上是一个休闲度假的好地方，但却非常贫穷。

馨儿和朋友在当天下午先去了一所小学。那所小学上课的地方是用土坯垒起来的，经过风吹雨打，已经摇摇欲坠了。在这个“小教室”里没有书桌和黑板，每个孩子都是把破旧的书本放在腿上学习的。他大都穿着破旧不堪的衣服，而且由于高原的紫外线长期的照射，孩子们脸都是黑红色的。

馨儿见到这些场景，感觉鼻子酸酸的。她立即作了一个决定：放弃去丽江旅行，和朋友一起去做慈善工作。

回到城市后，馨儿利用自己的人际关系做起了慈善宣传工作。从那以后，馨儿也加入了朋友的慈善事业，她在做慈善工作的过程中，意外地收获了以往从未体会过的快乐。

朋友见到她的时候都会说：“馨儿，你现在比以前更漂亮了。”听到这样的夸赞，馨儿经常会回答说：“这是慈善赋予我的美丽。”

心灵悟语 真正做善事的人具有崇高情操的本质，这是一种心灵美的展示，就如同清晨的甘露一样沁人心脾，令人心旷神怡。因此，一个付出真心去行善的人会格外美丽。

善良的水鬼

据说，河里有个水鬼，到了转世为人的时间，只要有个替身就可以了。

可是，每每看到悲苦交加、心灰意冷到河边来寻短见的人，它不但不设法迷惑人家，反倒于心不忍现身去劝慰。就这样，它放弃了一次又一次转世的机会。

几百年过去了，它依旧是一个受苦受难的水鬼。负责阴阳转换的天神气得不行，于是，冲它大吼："像你这么善良的水鬼我还是第一次见到，这么软的心肠怎么配当水鬼呢！"

天神的话说完，那水鬼就变成了河神！

心灵悟语

故事中的水鬼本应该是万恶的化身，但它却反其道而行，做起了善事，当它一次次错过翻身的机会时，天神却给了他另一个做神仙的机会。可见，善良在任何地方都没有错，行善终究会有好的回报。

3. 感恩之心

忠犬托比

五年前，安娜和父亲在威斯康星州的一个动物庇护所看到一只名叫托比的猎犬。当得知托比是那个庇护所剩下的最后一只动物，如果没有人收养它，再过一个星期它就会被执行安乐死后，安娜决定劝父亲把它带回家。

“爸爸，我们救救它吧，就它自己躺在笼子里，多么孤独啊。”安娜忧伤地说。父亲用温暖地大手摸了摸她的头顶，然后温和地说：“你想让它做你的朋友吗？”

“是的。”

“那如果我们把它带回家，你能照顾它吗？包括帮它洗澡，带它散步，为它准备食物，等等，你能做到吗？”

“我能！”安娜用力地点头道。

就这样托比成为了安娜家的一员。

时间一晃过了五年，托比每天都会接送安娜上下学，安娜也每天都会带着托比去散步，他们成了最亲密的伙伴。

一天晚上，安娜一家所住的农场突然来了一个入侵者。当他们被托比的狂吠声惊醒后发现，有只巨大的黑熊已破门而入。在黑熊就要扑向安娜时，托比猛地冲了上去，一口咬住黑熊的下颚。但是对于这个200来斤重的大块头，猎犬根本不是它的对手。

眼看着托比被黑熊拖走，安娜的父亲急忙拿起一支步枪，一路尾随黑熊留下的脚印，在黑熊逃进树林之前朝它开了一枪，救出了托比。但此时托比已经奄奄一息。安娜和父亲急忙把托比送往医院，兽医告诉他们，托比身上被咬了至少28个伤口，流血不止，他也无能为力。奄奄一息的托比一直温柔地看向安娜，当安娜抱起它后，托比温顺地轻哼了一声，慢慢地闭上了眼睛。

心灵悟语 安娜对托比的关爱使得托比肯为她而牺牲自己。人们都喜爱狗，并把它当成最忠诚的朋友，最重要的原因便是狗是最懂得感恩的动物之一。其实，人也是如此，只要我们懂得感恩，就会收获珍贵的情感、幸福以及快乐。

伟大的母爱

小红是小学三年级的学生，这一天，学校组织第一次家长会。小红邀请妈妈去参加，妈妈同意了，但小红的心却忐忑不安，因为妈妈虽然很美丽，可惜她右边脸上有一大块伤疤，不过，从小到大，小红从来没有听妈妈谈起过那块伤疤的来历。

家长会过后，老师和小红妈妈在走廊里谈话，这时小红正巧在走廊转角处听到了这场让她一辈子都难忘的谈话。

“您脸上的伤疤是怎么来的呢？”老师关切地问道。

“我女儿小时候，有一天她的房间失火了，当时火烧得很大，没有人敢去救她，这时我冲了进去，就在我看见她的那一刹那，一根横梁迎面倒下，我立即扑到她的身上挡住了来势凶猛的火焰，当时我失去了知觉，后来我们母女被及时赶到的消防员救了出来，这才逃过了一劫。我这个伤疤虽然会永远存在，但我从不后悔。”

听到这里，小红满脸泪痕地跑向妈妈，她紧紧抱住妈妈，心中的感激让她说不出一句话……

心灵悟语 母亲的爱是无私的、伟大的。世间没有一种爱能够与母爱相提并论。我们在母爱的保护下茁壮成长，当我们长成参天大树时，切记要同样爱护自己的母亲。

一杯热牛奶

小叶是一个很可怜的女孩，她的家庭十分贫困，上学的学费都是靠自己在业余时间打零工赚来的。她做过很多种工作。她在做小商品推销的时候，每天下课后，都要背着小商品，挨家挨户地推销。

一天，她的推销进行得很不顺利，傍晚时她疲惫万分，饥渴难耐，甚至绝望地想过要放弃一切。就在饥渴难耐的时候，她敲开了一扇门。

开门的是一位美丽的年轻女子，她对站在门外的小叶说："你有什么事吗？"小叶低着头，小声地说了一句："您可以给我一杯水吗？"那位女子笑着说："你等一下。"

不一会儿，女子递给了她一杯浓浓的热牛奶。小叶双手紧紧地握着这杯牛奶，说不出一句话，含着眼泪喝了下去。也就是这杯热牛奶让小叶重新鼓起了勇气，因为她感受到了世间的温暖。于是，她更加努力地学习，也更加勤奋地工作。多年后，她成了一名著名的外科大夫。

一天，一位病情严重的妇女被转到了小叶所在的医院。小叶顺利地为妇女做完手术，挽救了她的生命。无意中，她发现这个病人正是多年前在她饥寒交迫时，给她热牛奶的女子。所以，她决定必须为她做点什么。

她从护士那里了解到，这位妇女的生活条件不是很好，一直在为高昂的手术费发愁。在妇女痊愈后硬着头皮去办理出院手续时，她在手术费的单子上看到的是七个字——手术费＝一杯热牛奶。

心灵悟语 正所谓："滴水之恩，涌泉相报；衔草结环，以德报恩。"这是一种最高尚的道德情操，更是一种不可多得的精神财富。它能够战胜时间的考验，当它升华时，可以奔流不息，更可以感天动地。因此，请将感恩进行到底，待自己有能力之时回报那些帮助过自己的人。

可敬的“怪”老师

小雅的班主任老师，个子不高，长长的头发披在肩上，看上去没有其他女教师那般和蔼可亲，一脸严肃劲儿。

这位班主任老师对学生很严厉，每天都早早地来到教室检查早自习的情况。每次从她的办公室窗前经过时，都能够看到她忙碌的身影，是位对工作非常认真负责的老师。

但在学生看来，她是一个很“怪”的老师。因为她不像其他老师那样只重视那些“优等生”，她格外看中像小雅这样的“差等生”。在课堂练习中，小雅和其他“差等生”经常会被点名到黑板上做题，如果有做的不对的地方，她都会在课下把他们叫到办公室一个一个的讲解，直到都懂了为止。

在一次数学测验中，小雅拿到了及格的分数，老师还特意单独找她谈话：“小雅，你的成绩有很大的进步，老师相信你在下次考试中一定会得个‘优’的，你要继续努力啊！”正是因为班主任的鼓励，小雅开始发奋图强。

在下一次考试中，小雅果然得了“优”，也就是从那时起，她从“差等生”变成了“优等生”。后来，小雅才明白，这个“怪”老师偏爱“差等生”，是为了增强他们的自信心，激发他们对学习的兴趣。她用自己的一言一行，教给学生如何学习，如何做一个公正的人，正是她的“怪”改变了包括小雅在内的那些“差等生”的命运。

十几年过去了，小雅现在已经成为了一名市政府的干部，而且当年同班的“差等生”也都有着很好的发展。这么多年过去了，小雅一直都记得当年那个“怪”老师的恩德。

心灵悟语 每个人的一生中都会遇到不同的老师。老师不但教授给我们文化知识，而且还教给我们很多为人处世的哲理。所以，老师的恩情是我们每一个人都不能够忘怀的。正如居里夫人所说的："不管一个人取得多么值得骄傲的成绩，都应该饮水思源，应该记住是老师为我们的成长播下了最初的种子。"

感恩的心

小女孩天生失语，爸爸也早已去世了，就剩下她和妈妈相依为命。虽然日子过得很艰苦，但是有妈妈的关怀和疼爱，小女孩依然觉得自己是世界上最幸福的人。

每天清晨，妈妈都要出去工作，直到傍晚才回来。每当日落时分，小女孩就会站在自家门前的十字路口等待妈妈那亲切的身影出现。因为只有见到妈妈的时候，才是她一天中最快乐的时刻，而且妈妈每天都会带一块年糕回家，这是小女孩最爱吃的食物，所以，不管多晚，妈妈都会绕道去给孩子买回来。

但是，就在那个大雨天，小女孩没有等到妈妈回来。她走到了前面路口的路灯下，希望这样可以让妈妈看到自己。良久，她还是没有等到妈妈回来。她决定顺着那条路去找妈妈，她就这样踉跄着走了很远，走着走着，她在路边看见了躺在地上的妈妈。小女孩跪在地上使劲地摇着妈妈的身体，可妈妈没有一点反应。她感到非常恐惧，拉过妈妈的手用力摇晃，发现妈妈的手里还紧紧地攥着一块年糕。她拼命地哭着摇着，却发不出一点声音。

妈妈走后，小女孩被一户好心人家收养了。但每天日落时分她照常会到那个十字路口去等妈妈，并不断用手语打着妈妈教过的那首《感恩的心》："感恩的心，感谢有你，伴我一生，让我有勇气做我自己……"

尽管她知道，妈妈再也不会回来了，但她仍坚持用这个举动来表达对妈妈的怀念和感恩。

心灵悟语

亲情是深藏内心的一种最深最深的情感。无论你在哪里，你都应该，或者不由自主地想到自己最深最深的那份情感。人们常说，父母之恩，水不能溺，火不能灭。父母给了我们生命，更给了我们灵魂，对父母的感恩就是一首最动人心弦的歌，歌颂它，你就会接近阳光之境；歌咏它，你就会温暖无限；歌唱它，你就会幸福无边。所以，我们应该用心去感谢他们为我们所做的一切，常回家看看，让父母享受天伦之乐。

包着钱币的面包

有一天，一位心地善良的面包师来到了这个穷困潦倒的镇上。他看到十多个孩子蜷缩在街道的一角，心里一阵酸楚。于是，他把这些孩子聚集在了一起，然后拿出一个装满面包的篮子，对孩子们说："这些都是我做的面包，味道很好的，你们一人分一个吃吧。"

孩子们真的是饿极了，他们就像一窝蜂一样围着篮子挤来挤去地大声叫嚷着："快点抢啊……"谁都想拿到最大的面包。就这样，一眨眼的工夫，篮子里的面包被"洗劫一空"。

他们拿到面包后便兴高采烈地走开了，竟然没有一个孩子向这位好心的面包师道谢。这时，面包师注意到一个小女孩站在旁边，静静地看着他。这个小女孩既没有和大家一起吵闹，也没有像其他孩子那样争抢。她只是谦让地等着他们都拿到以后，才走上前，用那只冻得通红的小手在篮子里面搜寻着面包的影子。就在篮子最底端的一处，她摸到了被别人抢掉的半片面包，小心地拿起来之后，她并没有急着离去，而是微笑着对面包师说道："非常感谢您带给我们这么美好的食物。"临走之前，小女孩还亲吻了面包师的手。

接下来的几天里，面包师一直为孩子们无偿地提供面包，来争抢的人越来越多。

一天，那个小女孩站在人群的外面，虽然她长得很弱小，但是，面包师还是一眼就认出了她。在大家都离开后，面包师走过来对她说："孩子，饿了吧？前几天没有见到你，我特意为你留了一个面包。"说着，从怀里拿出了一个用纸袋装着的面包递到了小女孩的手中。小女孩就像捧着一件珍贵的宝贝一样，还是用那个微笑，抬起头对面包师说："真的太感谢您了。”并像上次一样吻了面包师的手后才离开。

小女孩高兴地跑回了家，把这个大面包交给了妈妈。当妈妈切开面包的时候，许多崭新的银币从里面掉了出来。妈妈很惊奇地说道：“孩子，快点把这些钱币送回去，一定是面包师做面包的时候不小心掉进去的。”

小女孩将这些银币送回到面包师那里的时候，面包师慈爱地说：“亲爱的孩子，这些钱币是我奖赏给你的，这是我的祝福，祝愿拥有一颗感恩之心的你能够平安快乐。”

心灵悟语 感恩是一种最值得称颂的道德情操，它可以涤荡世间的一切尘埃，更可以净化我们的心灵。当你用爱感恩别人的时候，其他的人也会因为你的感恩而感恩你。每个人都是你生命中的贵人，你越对生命中发生的事知道感恩，你生命中的幸运就会越来越多，幸运的事情也会一件件地靠近你，因为只要懂得了感恩，学会了感恩，就会收获他人的感激和祝愿，更会让自己拥有无边的幸福和快乐。

鳝 鱼

古时候，有一位名叫周豫的读书人，他很喜欢吃鳝鱼。一天，一位友人送了他最喜欢吃的鳝鱼，他想亲自动手，试试自己久未展露的厨艺，煮上一锅清炖鳝鱼汤来尝尝。

周豫将鱼放入锅中，只见那些鳝鱼仍自由自在地在锅里游着，在锅底下用小火缓缓加热，水温逐渐升高，鳝鱼在锅中丝毫未觉水温的变化，慢慢地就会被煮熟了，这就是周豫过人的厨艺所在。随着那一锅汤慢慢煮沸了，周豫将锅盖掀起来看时，却发现了一个奇特的现象：锅中有一条鳝鱼的身体竟然向上弓起，只留头部和尾巴在煮沸的汤水之中。这条身体弓起的鳝鱼，整个腹部都向上弯了起来，露出在沸汤之外，一直到死了，身体仍然保持弯起的形状而不倒下。

周豫看到这种情形，心中十分好奇，便立刻将这条形状奇特的鳝鱼捞出来，取了一把刀来，将鳝鱼弯起的腹部剖开来，想要看个究竟。在剖开的鳝鱼腹中，周豫惊奇地发现，那里面竟藏着满满的鱼卵，数目之多，难以计算。原来这条母鳝鱼为了保护肚子里的众多鱼卵，情愿将自己的头尾浸入沸汤之中，直至死亡。

一只鳝鱼能够为了腹中的孩子在沸水中将身体弯起，直到生命的最后一刻。这种强烈的母爱深深触动了周豫。他呆呆地不知在原地站了多久，泪水禁不住地流下，由此想到自己对母亲，却仍于孝道有亏。周豫感慨之余，发誓终生不再吃鳝鱼，并对母亲加倍地尊敬与孝顺。

心灵悟语 亲情，是人间最本真的情感，那里流淌着浓于水的血液，所以，永远不要淡漠亲情，不要忽略你的亲人。淡漠亲情，只能让你丧失人性，忽略亲人，你将失去最宝贵的心灵财富。

感恩是幸福的法宝

有一个女孩子要去朝圣。这天傍晚，她路过一个村庄时，想找一户村民家过夜，可是，当她敲门说出自己的请求后，村民们都将她拒之门外。一位老妇人看女孩可怜，便告诉她村外有株樱花树，让她到那里去休息，并送给她两个充饥的面包圈。女孩子没有办法，只能听老妇人的建议去寻找那棵樱花树。

当来到树下时，天色已晚，她望着春天夜晚的天空，月亮挂在天上，盛开的樱花对着雾茫茫的月亮婆娑。她被这些美所感动，于是她笑了，站起来向村子的方向致敬。

她感谢那位为自己指路的老妇人，不然的话，她可能会错过这个村子最美的景色。在春风的吹拂下，她一边吃着老人所赠的面包圈，一边欣赏着迷人的夜色，心中泛起层层幸福的涟漪。

心灵悟语 英国作家萨克雷指出："生活就是一面镜子，你笑，它也笑；你哭，它也哭。"当人生中出现种种不如意时，我们不能总是抱怨，而要善于培养自己感恩的心态，这样就容易获得快乐和幸福而少了种种烦恼和郁闷。其实，“感恩”是传达出一种你“拥有”的信息。感恩是幸福的法宝，无论你身处什么境地，只要怀有一颗感恩之心，你就会感觉心里暖暖的，有种幸福快乐的感觉。

4. 宽容大度

宽容是一种美德

李丽霞9岁时，正逢上三年级，她的同桌是一个很调皮的男生，经常欺负她。

有一次，男生无理地抢过小丽霞的新钢笔。这是丽霞生日的时候，妈妈送给她的生日礼物。这次她终于将长时间的愤怒一股脑儿地发泄了出来，她和男生扭打在一起，情急之下，男生用一个刀片划伤了她的脸，伤口不算深，但很长。

小丽霞大哭了起来，但她不敢告诉老师，她的眼里含着泪，再次狠狠地看了那个男生一眼。她第一次注意到男生的嘴角边有一块痣，她发誓永远不会忘记这颗痣。那条长长的伤疤永久地留在了李丽霞的脸上，这对一个女孩子来讲，是多么痛苦的事情。在之后的学习和生活中，她成为了同学们的笑料。

从那时起，李丽霞变得少言寡语，她只有埋头刻苦学习，用优异的成绩来弥补自己的缺陷。时间一点一点地流逝，多年的努力也换回了成绩。

如今，李丽霞已经成为了一名医生，26岁的她身材高挑，体型匀称，可是当年的那个伤疤却成了她唯一的缺憾，致使她至今没有结婚。这一天，在李丽霞值班的时候，送来一位需要急救的病人。

当见到这个病人的时候，她感觉他很面熟。她不敢相信自己的判断，于是，她再次看着眼前这个病人，他的脸上有着跟同桌一样的痣。没错，他就是当年的那个男生。他是因为车祸而被送来医院的。丽霞愣在那里，旁边的护士推了推她，说："李医生，快点抢救吧。"丽霞这才回过神来。

丽霞和护士们将他推进了急救室。手术时，她的心里产生了强烈的思想斗争，她回想起当年他是怎样用刀划伤自己的脸，又想到这么多年来，她如何面对众人的眼光……她迟疑了一会儿，不过，她也没有忘记自己是一个医生，她放弃了怨恨，担起了医生的职责，手术很成功。

心灵悟语 宽容不仅是风度，更是一种高尚的人格，在别人有意得罪时，能够原谅对方，其实这就是最大的宽容。如果你有了一颗宽容之心，就会发现人与人之间多了一份祥和，生活也会越来越美好。

一场好戏

米兰和罗佳坐公交车回学校，车上的人很多，刚一上车就听到站在她们旁边的两个人在争吵。

其中一个人说："你长眼睛了吗？竟然往我的脚上踩。"另一个人也不逊色："这不能怪我啊，谁让你的脚挡了我的道呢，要骂的话，你应该骂你的脚才对。"于是，两个人为了这个踩脚事件争论不休。车上的人都用一种轻视的目光看着他们。

此时，站在一旁的米兰和罗佳灵机一动，表演了一场好戏：

罗佳踩了一下米兰的脚，忙说："对不起，不小心踩到你，实在太抱歉了。"米兰笑了笑说道："不不，应该由我来说对不起，毕竟我的脚长得也太不苗条了。"

哄的一声，车厢里立刻响起了一片笑声，显然，这是在赞美优雅风趣的罗佳和米兰。旁边那两个人听了，惭愧地低下了头，停止了争吵。

心灵悟语 宽容是一种仁爱的光芒，是对别人的释怀，也是对自己的善待。一个人的胸怀能容得下多少人，就能够赢得多少人的喝彩和赞赏。

上班的第一天

珍妮是一个非常内向的女孩，她只有一张中专毕业证，这样的学历想要在这样一个竞争激烈的年代找到工作是很困难的。

在经历多次应聘失败后，珍妮好不容易才在一家珠宝店找到一份售货员的工作。虽然在这里需要面对形形色色的顾客，但是，珍妮还是决定要一心一意做好这份得来不易的工作。

圣诞节的前一天，店里只有珍妮一个人，其他几个职员刚刚换班回家去了。就在她忙着摆放新到的首饰时，店门被推开了，珍妮礼貌地说："欢迎光临。"

进来一位30岁左右的男顾客，他穿着一条蓝色的牛仔裤和一件白色的衬衫，看上去很有修养。但是，他的眼神中却透露出一种挫败的哀愁。也许，他也是一个遭受失业打击的人。

珍妮向他打招呼时，男子僵硬地笑了一下后便没有了回应。这时，店里的电话响了。

"先生，不好意思，您先慢慢看，我去接个电话。"珍妮对这位男士说。就在珍妮去接电话时，她一不小心，将摆在柜台上装满戒指的盒子碰翻了。盒中有六枚精美绝伦的金戒指，相继地掉在了地上。珍妮慌忙弯下腰去捡。不过，她只捡回了五枚，第六枚戒指却怎么也找不到。

珍妮抬起头时，看到那位男子正向门口走去。顿时，她明白了第六枚戒指一定在他那里。珍妮非常紧张，她的心在扑通扑通地狂跳着，心想：如果他是一个危险的人，我该怎么办？他会不会……我是叫住他，还是报警求救呢？

就在珍妮无法作出选择时，男子那双充满忧伤的眼睛浮现在她的脑海中。想到这里，珍妮没有忍心呼叫和报警，她还是想赌一把，赌注就是——他不是一个危险的人。当男子的手将要触碰到店门的把手时，珍妮柔声地叫道："先生，请您等一下。"

男子慢慢地转过身来，两个人相视无语，足足有一分钟。"什么事？”他终于开口问道。

“先生，今天是我第一次上班，你知道，现在找份工作多么不容易，您能不能……”珍妮极力控制自己紧张的情绪，鼓足勇气说道。

男子听了珍妮的话，脸上的肌肉颤动了一下。他向珍妮缓缓走去，并把戒指放在了珍妮的手中。

心灵悟语 宽容不仅是一种雅量、文明、胸怀，更是一种人生的境界。我们不仅要学会宽容，更要懂得设身处地地为他人着想，学会从对方的立场来看问题，这样会使自己的观点更客观，态度更冷静。

学会原谅别人

雯雪的家境不好，不到20岁就来到城里打工了，攒下一些钱后便在城里自己经营着一个鲜花店。

一天，有个小伙子突然推开花店的门，他不像是来买花的，因为他的眼睛里透露着一种邪恶的报复之气。雯雪疑惑地问道：“先生，请问您需要些什么？”

小伙子恶狠狠地盯着花店里琳琅满目的礼品，最终挑中了一只精致的水晶乌龟，眼睛里闪出一丝憎恨的光芒。

“先生，请问您想买这件礼品吗？”雯雪亲切地问道。

“这个多少钱？”小伙子问。

“这个56块钱。”雯雪回答道。

小伙子立即掏出钱甩在了柜台上。雯雪很好奇，这样的顾客她还是第一次见到，于是她问：“先生，您想将这个礼品送给谁呢？”

“送给我的新娘，她明天就和别人结婚了。”小伙子面色冰冷地回答道。

雯雪心里有些不安，小心翼翼地说道：“先生，这件礼品一定要好好包装一下，才会给你的新娘带来更大的惊喜。可是今天这里没有包装盒了，请您明天来取，行吗？”

“好吧。谢谢你！”小伙子说完转身就走了。

第二天，小伙子早早地来到了礼品店取走了礼品盒。小伙子匆匆地来到了婚礼现场，他将精致的礼品盒送给新娘。随后，他便伤心地回到家中。

傍晚的时候，新娘打来了电话："谢谢你送我的礼物，谢谢你的理解和祝福。"小伙子听了很疑惑，心想：为什么送了她乌龟，她还感谢我？但他什么也没说，挂断电话后想了想。

过了一会儿，他似乎明白了什么，迅速跑到了雯雪的礼品店。推开门，他发现那只精致的水晶乌龟仍然在橱窗里静静地躺着。雯雪看见站在门口的小伙子，微笑了一下。其实，雯雪将那只水晶乌龟换成了一对代表幸福和快乐的鸳鸯，因为她知道曾经相爱的两个人是不会彼此怨恨的。

这一次，小伙子的面孔不再冰冷了，而是呈现出一种感激与尊敬："谢谢你！真的谢谢你！是你让我明白了宽容别人也是一种自我解脱，现在的我轻松多了……"

心灵悟语 如果人人都能用一颗宽容之心待人，到处都会是一种和睦融洽的景象，生活也会变得更加美妙。因为，原谅别人就是对自己最大的解放。在我们的成长过程中，总会遇到一些人或者事让我们无法释怀，从而产生怨恨。其实，只要能做到用一颗宽容的心待人接物，你就会发现快乐时刻与你同在。

一座拱桥

李家有姐妹三人，其中大姐和二姐因为家产的原因反目成仇，隔阂已久，两个人都曾立下誓言老死不相往来。可是偏偏造化弄人，父亲在临终前，将两个人的庄园分在了一起，这让姐妹两人都有点郁闷。

于是，二姐在两个庄园之间挖了一条深沟，以示断绝和大姐的一切来往，从此断绝关系。为了"回敬"二妹，大姐也准备在深沟旁边筑一道三米多高的墙壁，以示绝交。

一天，大姐看到老二一家外出了，便叫来三妹说："你二姐今天出远门了，我也有事得出趟远门，你帮我在深沟处筑一道三米高的墙吧。"

懂事的三妹点了点头。可是，大姐回来时，看到眼前的一切惊得目瞪口呆，这里哪里有什么三米多高的墙壁啊，简直就是一座世外桃源，深沟变成了潺潺流水的小溪，在两个庄园之间和小溪上面架了一座拱桥，拱桥周围是刚刚栽种好的树木。这不免让大姐有点错愕，就在这时，偏偏二姐一家也回来了，看到此情此景，二姐有点感动和激动，跑过来对大姐说："大姐，真对不起你，我做了那么多对不起你的事情，你还为我修理水沟……"

大姐听了这些，已经明白了事情的来龙去脉，但也没有多说什么，只是拍了拍二姐的肩膀，随后给了三妹一个敬佩和感谢的眼神。

心灵悟语 生活中，矛盾无处不在，有了矛盾，重要的是面对现实，化解矛盾。若只是一味地斤斤计较，便会制造痛苦，徒伤感情，甚而结下冤仇。要想切断痛苦的源头，唯一的办法就是学会宽容。宽容是人生的一座桥，将彼此的心灵沟通。走过这座桥，人们的生命就会多一份空间，多一份爱心，人们的生活就会多一份温暖。

宽容大度是一种美德

曼德拉因为领导反对白人种族隔离的政策而入狱，白人统治者把他在荒凉的大西洋小岛罗本岛上关了27年。

当时，曼德拉年事已高，但白人统治者依然像对待年轻犯人一样对他进行残酷的虐待。

罗本岛上布满岩石，到处是海豹、蛇和其他动物。曼德拉被关在总集中营的一个"锌皮房"，白天需要打石头（将采石场的大石块碎成石料），有时要下到冰冷的海水里捞海带，有时还要干采石灰的活儿。由于曼德拉是要犯，看管他的看守就有3人。但是，他们对他并不友好，总是寻找各种理由虐待他。

谁也没有想到，1991年曼德拉出狱后竟成功当选为总统，他在就职典礼上的一个举动震惊了整个世界。

总统就职仪式开始后，曼德拉起身致辞，欢迎来宾。他依次介绍了来自世界各国的政要，然后他说，能接待这么多尊贵的客人，他深感荣幸，但让他最高兴的是，当初在罗本岛监狱看守他的3名狱警也能到场。随即他邀请他们起身，并把他们介绍给大家。

曼德拉的博大胸襟和宽容精神，令那些残酷虐待了他27年的白人汗颜，也让所有到场的人肃然起敬。看着年迈的曼德拉缓缓站起来，恭敬地向3个曾关押他的看守致敬，在场的所有来宾以至整个世界，都静了下来。

后来，曼德拉向朋友们解释说，自己年轻时性子很急，脾气暴躁，正是狱中生活使他学会了控制情绪，因此才活了下来。

牢狱岁月给了他时间与激励，也使他学会了如何处理自己遭遇的痛苦。他说，感恩与宽容常常源自痛苦与磨难，必须通过极强的毅力来训练。

心灵悟语 生活中的我们总会遇到很多烦恼和不顺心之事，我们的心中充满了痛苦，总是怨天尤人，抱怨不平，似乎总有那么多的不满和不如意，那是因为我们的心中缺少像曼德拉一样的宽容大度和感恩之情。

美国苹果电脑公司创始人史蒂夫·乔布斯说：“大多数事情令人感到遗憾，但最大的遗憾莫过于那些你没去做的事。如果我早点明白这个道理，我可以把事情做得更好些，但这又怎么样呢？关键是要把握好现在。”所以，从现在开始，让我们做一个宽容大度的知性女生吧。

5. 大爱无言

最好的消息

一位著名的高尔夫球手赢得了一场比赛。他领取了奖金支票后，一个年轻的女子向他表示祝贺，同时又向他诉说自己的苦恼：她可怜的孩子得了重病，需要动手术，但她却无力支付高额的手术费。

这位善良的高尔夫球手被她这种深切的母爱感动了，二话没说就在支票上签上了自己的名字，然后塞给这个女子，并告诉她，希望她的孩子早日康复。

几天后，一位高尔夫联合会的官员告诉这个高尔夫球手一个坏消息，他被那个女子骗了，她根本就没有孩子。

"您的意思是根本就没有一个小孩病得要死了吗？"高尔夫球手急切地问这位官员朋友。

"是的，那个女子说了谎。"官员回答道。

"这是我这段时间听到的最好的消息，感谢上帝！"高尔夫球手满脸安慰，双手合十说道。说罢，他高兴地走了，留下了一脸疑惑的官员朋友独自一人站在走廊。

心灵悟语 是的，看了这个故事，很多人都会像那个官员一样感到疑惑，高尔夫球手被陌生女子骗走了钱，他却丝毫不在意，只关心有没有生病的孩子。其实，从这位高尔夫球手的身上，我们可以看到一种很伟大的品质：真正具有爱心的人所期望的是一个美好的世界，并不会计较个人的得失！

懂事的小丽

晚饭过后，上五年级的小丽拉着母亲的手大声地问："妈妈，您有什么愿望啊?"

母亲忙着做家务活。没有顾上回答小丽的问题。小丽很坚持地让妈妈回答她的问题。

母亲拗不过小丽，眼里现出光芒，像是沉浸在对美好未来的种种畅想之中："我的愿望？首先是身体健康，永葆青春；其次是工作顺利，事业有成；然后是希望家庭和睦，幸福美满；接下来是……"

小丽打断母亲说："妈妈，能不能把愿望说具体一点？比如您想要什么？"

"我就知道，肯定是你们老师留了关于心愿的作文题目，你上我这儿来找素材了吧！我想要的太多了，比如别墅、跑车、名牌时装、高级化妆品等等，这些实际吧？你能满足我吗？别捣乱，赶快做作业去。"母亲有些生气地说道。

小丽郁郁地回到自己的房间，屋子里安静极了，只有钟表滴答的声音。

母亲忙完家务，走进小丽的房间。看到小丽坐在书桌前，泪水悄悄地滑过脸庞。母亲见状更生气地吼道："委屈你了，是不是？你故意气我是不是?"

"妈妈，我不是……"小丽赶忙解释道。

"还学会顶嘴了？快点把作文写完!"说完母亲"嘭"的一声把门关上了。

第二天吃完晚饭，小丽和往常一样进屋做作业，母亲也依旧重复着每日必做的家务。突然，她发现窗台上多出一束温馨的康乃馨，旁边还放着一个包装袋，包装袋上贴着一张小纸条："亲爱的妈妈，今天是您的生日，我用平时攒的零花钱和这两年的压岁钱给您买了一套高级化妆品。现在我只能帮您实现这个小愿望。等我长大了，会努力实现您另外的几个愿望，请您相信我。——想给您惊喜却又惹您生气的小丽！"

小纸条轻轻地从母亲的手中滑落，她呆呆地看着那束花，感动的泪水顷刻间夺眶而出。

心灵悟语 故事中的小丽用自己的爱感动了母亲，她用积攒的零花钱为妈妈送上生日礼物，这个行为让母亲了解到自己的女儿长大了，懂事了。可见，有时候面对我们的至亲也要送上敬意的祝福，因为亲情也需要维护。

摸得着的上帝

一位父亲问女儿："你记忆中最美好的生活片段是什么？"

女儿毫不迟疑地说："是那个晚上，我参加完夏令营聚会，您接我回家，在路上，您停下车帮我捉萤火虫。"

事情如此普通，这位父亲已经不大记得了，没想到这却成为女儿最美好的回忆。女儿当时知道父亲很繁忙，一定不会停下车陪自己捉萤火虫的。父亲的这种出乎意料的行为在女儿的心中就等于对自己说："宝贝，我爱你。"

有一次，女儿在看电视，突然外面雷电交加，女儿大声地喊道："爸爸，快来，我害怕。"

"哦，宝贝，上帝爱你，他会保护你的。"父亲安慰道。

"我知道上帝爱我，可现在我需要的是一个能够摸得着的上帝。"女儿一边撒娇地说，一边紧紧地抱住父亲。

心灵悟语 每个人都渴望被爱，如果想得到别人的爱，我们可以做的最伟大的事情莫过于让别人感受爱并且被爱。

爱是不求回报的付出

在一条高速路上，车流汹涌。

有一只小狗被车撞死了，令人动容的是，它的三个小伙伴却一直守候在它的身边，不顾危险，任凭车辆飞快地从身边驶过，一动不动，久久不肯离去。

此时，过往的车辆似乎也被这样的情景打动了，纷纷绕开小狗从它们的身旁开过去，有的甚至停了下来，导致交通堵塞。

这种类似的情况曾在美国的纽约发生过，有一只名叫小黑的猫和它的四个孩子被困在了高速路的中间，最后警察帮助截住车流，才让小黑有时间把它的孩子一只一只地叼了过去。

心灵悟语 爱是不求回报的付出，更是默默无声的守候。心中拥有爱的人会让身边的人时刻感受温暖，同时，自己也会感到快乐。

约束自己的私欲

祭遵从小喜欢读书，知书达理，虽然出身豪门，但生活非常俭朴。

公元24年，刘秀攻打颍阳一带，祭遵去投奔他，被刘秀收为门下吏。后来，祭遵随军转战河北，当了军中的执法官，负责军营的法令。

任职期间，祭遵执法严明，不徇私情，而且为人廉洁，为官清正，处事谨慎，克己奉公，常受到刘秀的赏赐，但他将这些赏赐都拿出来分给了手下的人。

有一次，刘秀身边的一个小侍从犯了罪，祭遵查明真情后，依法把这小侍从处以死刑。

刘秀知道后十分生气，心想祭遵竟敢处罚他身边的人，欲降罪于祭遵。但马上有人来劝谏刘秀说："严明军令，本来就是大王的要求。如今祭遵坚守法令，上下一致做得很对。只有像他这样言行一致，号令三军才有威信啊。"

刘秀听了觉得有理。后来，非但没有治罪于祭遵，还封他为征虏将军，颍阳侯。

祭遵生活十分俭朴，家中也没有多少私人财产。即使在安排后事时，他仍嘱咐手下的人不许铺张浪费，只要用牛车装载自己的尸体和棺木，拉到洛阳简单下葬就可以了。

祭遵死后多年，汉光武帝刘秀仍对他的克己奉公精神十分怀念。

心灵悟语

“克己奉公”这则成语的“克己”是指克制、约束自己；“奉公”是指提倡约束自己的私欲，以公事为重。其实，这也是一种大爱的体现。在个人面前，集体永远是大的，集体的利益应该摆在首位，这就要求一种克己奉公的精神。在任何行业，这种精神都是被认同的，也是在行业里取得成就的不二法门。

第二章

高贵气质
——知性女生的“必胜砝码”

1. 勤奋上进

勤奋成就梦想

1948年，她出生在巴西圣保罗州一个欧洲移民家庭，她的理想曾是做一名牙科医生。

然而，她刚刚进了医学院就意识到自己走错了路，她改攻心理学，可是经过一段心理学的训练仍未能定下她的抱负，结果她弃学，只身来到首都巴西利亚寻求新的出路。她是一个不惜行动、敢于也乐于尝试的人，在那里，她又试着学习绘画，还参加了电影创作。

19岁那年，她获取了巴西《国家报》新闻专业的进修结业证。她满怀热情地找到巴西《环球》新闻网的董事长马里奥，希望在电视或报界从业，但马里奥对她不屑一顾。吃了闭门羹的她没有灰心，在一次狂欢节的庆典中，她再次向这位巴西新闻界的巨头提出申请。

马里奥终于被这个姑娘的执著所感动，同意她到电视台当一名实习记者。她的第一次采访是报道一位巴西普通职业女性的生活。

由此，开始了她的电视节目主持人生涯。她有一双蓝蓝的大眼睛，一头蓬松的金发，相貌并不出众，但她思维敏捷、知识渊博、性格开朗、谈吐不俗、平易近人。这一切成为她成功的关键。她主持的《面对面》人物专访成为巴西电视台收视率最高的节目之一。

除了电视，她还做过《新闻联播》的播音员，主持过《今日妇女》、《圣保罗之晨》、《奇妙世界》等专题节目。她的嗓音不算动听，但她主持的节目听众最多。她采访的对象涉及各种人物，总统、部长、社会名流、国外政界要人，都上过她的节目，当然更多的还是新闻大众。

在今天的巴西，只要打开电视机，就不难见到她。她工作出色，但生活却不尽如人意。

几年前，丈夫给她留下两个儿子自己走了，但家庭的不幸没能挫败她的生活志趣，她的时间表里很少有逛商店、去影院等轻松安排。

她每天清晨练1小时健美，喝1杯牛奶，然后读书、看报，下午4点进电视摄影棚，直到晚上9点才进家门，她每天都处在一种极忙的状态，但她感到自己的生活很有情调，也很有意义。

她说："我虽然很忙、很累，但我热爱这份工作，我要把更多、更好、更丰富的电视节目献给我热心的观众。"

如今，在巴西，人们都知道新闻界有一位才华出众、家喻户晓的女记者，她就是玛丽利·加布里埃拉。

心灵悟语 只要你有梦想，并能勤奋努力地去追求它，那么在未来的某一天就一定能够将这个梦想转变成现实，那时的你就会收获成功的喜悦。

打工妹的传奇人生

1976年，她出生于重庆奉节县新政乡，由于家境贫寒，初中毕业后差点辍学。为了解决念高中的学费，她在学校附近摆了一个菜摊，还借钱请了一个比她大3岁的姐姐为她看摊。就这样，她靠卖菜的收入读完了高中。

之后，由于没有钱上大学，16岁时，她便开始了她的打工生涯。

不过，在艰难的打工生涯中，她一直没有放弃对知识的渴求。为了能挣钱参加自考，她曾推销过水果，她每天都推着车到很远的郊区去进货，然后拉到城里卖。

后来，一个偶然的机会，她到一家印刷厂当上了一名推销员。一个女孩要独自面对那些苛刻的老板，着实不易。然而，她却用自身通过刻苦学习而积淀的文化涵养化解了一个年轻女孩脸庞上的稚嫩，并取得了不错的业绩。

两年后，她在县城一家煤矿做码头搬运工，由于她有高中文化，又踏实肯干，不久老板便让她负责煤矿的码头船运调度。

在当调度员期间，她发现，奉节的矿产大量要外运，但由于缺乏信息沟通，一方面是矿主找不到船，一方面船主又为货源发愁。多年推销积累下的阅历告诉她这是一次难得的商机。于是1996年，她投入全部积蓄，加上贷款，承包了奉节新声煤炭贸易公司，做起了航运中介生意，并涉足煤炭经销。不到一年的工夫，她的资产就达到了100多万元。

然而，就在事业蒸蒸日上的时候，1998年，一场特大洪水冲垮了她的煤坪，卷走了2000多吨煤，所有的基业毁于一旦。

尽管这次不幸只是一次意外，而且自己也先后通过了法律专科、本科自学考试，她仍然认为自己还缺乏管理能力。因此，她决定自费到四川经济管理学院读MBA研修班。

在学校上自习课时，她发现很多同学为考研在教室里熬通宵。不少同学告诉她，考研前的苦读效果并不好，有时劳累过度反而会影响考场发挥。而在当时，重庆、成都还没有一家正规和权威的考研培训学校。为得名师点拨，不少同学不远千里到北京参加各种培训，路费、报名费、食宿等开销不下四五千元。

看着同龄人在考研前夕的奔波、劳苦和苦恼，她陷入了深深的思考：何不把北京、上海的名师请到成都、重庆来搞培训？这样不仅能为考研的同学找到一条事半功倍的学习途径，而且自己还能有收益。

极具商业头脑的她马上意识到考研培训是一座不可多得的“金矿”。

当时，通过各种畅销的考研辅导教材，她了解到了清华大学的杨树先教授、中国人民大学的王长喜教授、西安的任汝芬教授、中央财大的黄先开教授等名师。“要办班就要请这些名师！”

她后来给自己要创办的学校取了一个响亮的名字——点金学校，意为名师的点拨可以对学员起到点石成金的效果。

1999年2月，点金学校总部正式在重庆沙坪坝挂牌。同年的那个暑期班，她一共招到了1200多人，收到学费近40万元。接着，她又办了秋季班、冲刺班，全年招生近2000人次。

一炮走红后，第二年，点金学校的培训点迅速从重师扩展到重大、西师、西农，并在上海、成都设了分部。培训内容也从单纯的考研培训发展到GRE、英语四六级考试培训。

一年的时间，点金学校就收入500多万元，她也完成了从推销员到校长的人生转变。这位传奇的打工妹便是黄华。

心灵悟语 从一个打工妹到煤运老板，从印刷厂的推销员到著名培训学校校长。在她的身上仿佛看到了一部女性的拼搏史，也是一个现代女性顽强精神的体现。

美国IBM公司总裁帕米桑诺说："长期的成功只有我们时时心怀恐惧时才可能。不要骄傲地回首让我们取得过往成功的战略，而是要明察什么将导致我们未来的没落。这样我们才能集中精力于未来的挑战，让我们保持虚心学习的态度及足够的灵活。"勤奋可以助你成功，这是不争的事实，而用知识来充实自己的实践，是丰富自己经验的有效途径。

一个女孩的故事

一个女孩出生在波兰的一个美丽的小镇上，她很聪明。

女孩的家境很贫困，10岁那年，母亲便去世了，父亲也因为反对俄国沙皇霸占波兰的暴行而被迫离职。

家里本来就不宽裕，又遭此不幸，女孩不但上学成了问题，身体也越来越差了，不得不回到乡村的老家休养了整整一年。即使生活有着很多磨难，但女孩并没有放弃学习知识，她每天晚上都会读书。可周围的环境并不安静，特别是小孩子们的喧闹声常常传到她的耳朵里来。

为了排除这些声音的干扰，女孩想了一个办法：用两只手的拇指压着两边的耳孔，这样她就听不见别人的声音了。

而其他的姐妹们很不喜欢这个不合群的女孩，于是她们也同样想了一个办法：她们搬来了三把椅子，蹑手蹑脚地来到女孩背后，把三把椅子搭成一个“三角架”。

她们想，只要女孩稍微碰一下“三角架”，椅子一定会倒下来，她就无法再安心读书了。

于是，姐妹们在一旁偷偷地观察着女孩。

令她们失望的是，等了好长时间，女孩也没有动静，姐妹们有些失望了。

又过了好一会儿，女孩终于放下书本，一抬头，由于轻微的震动，“三角架”被碰倒了，椅子砸在女孩的肩膀上。姐妹们感受到了胜利的喜悦，高兴得又蹦又跳。而女孩并没有生气，也没有跟姐妹们理论，只是朝她们笑了笑，然后又拿起一本书，到另一个房间里继续读了起来。

后来，这个女孩做出了举世瞩目的成就，她就是镭的发现者——居里夫人。

心灵悟语 如果一个人具备安忍的特性，那么即使他身处一个极为紧张的环境，他内心的安稳和平静沉着，仍然能够使他不受外界的干扰。就如同居里夫人一样，不管在什么境遇之下，她都能始终如一地读书，脚踏实地地为了达到目标而努力，不受任何外界因素的干扰，最终成就了一番事业。

走进书的海洋

我们都知道有“学术超女”之称的于丹。她爱读书，而且喜欢研究，她关于《论语》、《庄子》、昆曲等方面的演讲，都有独到的见解，而且在教学理论上也有自己的认识，她一直非常严肃地研究这些领域的问题。

但是，就是这样一个很有成就的女博士、女教授，在她自己的生活里，却是一个爱玩儿爱闹、特别会生活的女人，与书呆子刻板严肃的形象相差甚远。她快乐洋溢，面带笑容，把自己的生活打理得活色生香，有滋有味。

当年，于丹意识到要“读万卷书，行万里路”时，她便背起行囊，开始了她的“以身体之，以血验之”的人生感悟和体验。

敦煌的苍凉沙漠、东岳的荆棘后山都曾留下她求索的脚印和无畏的身影，她的许多关于人生的解读和感悟，甚至是在人生不得意时的坚强，大多是来自她游历祖国的山山水水时的所得。

正是因为于丹酷爱旅行，使得她的读书时光总是充满着勃勃生机，她给人的印象也绝不仅仅是书生气十足。后来，于丹在学校做了老师。

已经41岁的于丹，虽然在学术上和工作上都取得了很大的成绩，但她并没有古板地生活，她在生活中时尚摩登，没有一点学究气，完全是放松面孔开心生活。

于丹有知识，爱读书，但却没有丢掉生活和做女人的快乐。她曾经说过这样一个比喻：社会是一锅沸腾的开水，关键是看什么人用什么材料在投入。第一种是生鸡蛋，第二种是胡萝卜，第三种是干茶叶。

结果呢？

第一种被煮硬了，从生动鲜嫩变成凝固僵硬。我们很多人就这样被社会煮硬了，不再有梦想，不再鲜活。

第二种被煮软了，从鲜灵灵的胡萝卜变成了软塌塌的胡萝卜泥。这就是一个人随遇而安，迁就规则。

而第三种，干巴巴的茶叶渐渐舒展开来，一锅清水变成喷香的茶水。

于丹用这个比喻说明人与社会的关系，用它来描述个人的生活状态也同样形象：生鸡蛋越煮越硬，无非是要知识不要生活，干巴巴地活着；胡萝卜让自己融入生活之中，却没有了自己的学问和见解；而于丹就是第三种状态——是一种滋润的、舒展的、找到自我的状态。

“我们不可能成为超人，但可以完成自身的开发，让自己达到一种最饱满的状态。”她说的是让自己的生命滋润、饱满，生命呈现的这种状态，也是一个人既有知识和学问、又会生活的最佳状态。

心灵悟语 对于一个出色的女生来说，她的快乐可能就是来源于书里。当然，书并不是人生的全部，在研究知识的同时，还要懂得生活，可以板起面孔学知识，但也要放松面孔生活，在生活中体味人生的快乐，这样才会收获精彩的人生。

多想几步让你离成功更近

苗苗和优优的年龄与经历都差不多，两人同时受雇于一家超级市场。

起初，苗苗和优优都是从最底层干起，做的工作也大致相同。但令优优不解的是，同样的工作，苗苗总是会在领导要求之外做得更多，因此速度也会比自己略慢。

有时，工作都结束了，苗苗还是会加班到很晚，好像有很多事总也忙不完的样子。优优在心里暗暗嘲笑苗苗，这个笨家伙，工作没那么多却偏要加班，好像没地方去似的。

不久，苗苗就得到了总经理的青睐，一再被提升，从领班直到部门经理。

然而，优优却像被人遗忘了一般，还在最底层混，优优觉得很委屈。终于有一天优优忍无可忍，向总经理递上辞呈，并向总经理埋怨，自己很努力，做事情也很认真，但却得不到提升的机会，这一切太不公平。

总经理耐心地听着，他了解这个小姑娘，工作肯吃苦，但似乎缺少了点什么，缺什么呢？

他忽然明白了什么，出了个主意。“优优小姐，”总经理说，“请你马上到集市上去，看看今天有什么卖的。”

优优很快从集市回来说，刚才集市上只有一个农民拉了一车土豆在卖。

“一车大约有多少袋，多少斤？”总经理问。

优优又跑去，回来说有10袋。

“价格多少？”总经理问。

优优再次跑到集上。总经理望着跑得气喘吁吁的她说：“请休息一会儿吧，你可以看看同样的事情，苗苗是怎么做的。”

说完叫来苗苗对她说：“苗苗小姐，请你马上到集市上去，看看今天有什么卖的。”

苗苗很快从集市回来了，汇报说到现在为止只有一个农民在卖土豆，有10袋，价格适中，质量很好，她带回几个让经理看。这个农民过一会儿还将弄几筐西红柿上市，据她看价格还公道，可以进一些货。这种价格的西红柿总经理可能会要，所以她不仅带回了几个西红柿做样品，而且还把那个农民也带来了，他现在正在外面等回话呢。总经理看了一眼在旁边红了脸的优优，说："请他进来。"

此刻，优优知道了自己为什么没有被提拔，因为她跟苗苗相比，做事情考虑不全面，太过懒惰，虽然努力，收效却不大。

心灵悟语

苗苗由于比优优多想了几步，所以获得了上司的青睐。其实，有些事情看似吃亏，实则却会收获更多。而做得多不见得是为了满足眼前的利益，到最后，你的所有付出都会得到回报，所有的努力都是成功路上的垫脚石。所以，我们在做事情时，要学会思考，要勤奋，这样你就会离成功更近一步。

2. 大柔若刚

有一种策略叫“以柔克刚”

有一次，明武宗朱厚照到南方巡视，提督江彬跟随在左右保驾护航。

实际上，江彬早就有了谋反的野心，他身边都是身材魁伟、虎背熊腰的西北壮汉。

这时候，兵部尚书乔宇看出了江彬要图谋不轨，立刻在江南地区挑选了一百多个矮小精悍的武林高手跟随在皇帝左右。

为了避免冲突，乔宇向江彬提出一个要求，即让江南拳师与西北壮汉进行比武。江彬骄横跋扈，自然答应了。

但是，西北壮汉在与江南拳师较量的过程中屡战屡败，立刻少了嚣张的气焰，江彬也因此收敛了自己的轻狂，篡位的企图也逐渐消退了。

在这里，乔宇让西北壮汉遭到失败，所用的是“以柔克刚”的策略。

心灵悟语 乔宇的高明之处在于，没有硬碰硬，而是通过比赛和较量的方式让江彬意识到自己的力量弱小，以微小的代价避免了更大的损失。

老子曰：“柔之胜刚也，弱之胜强也，天下莫不知。”事实上，以柔克刚是一种有效的为人处世方式和斗争策略，可以帮助我们化解眼前的难题。我们在生活中会遇到千差万别的情况，这要求我们能够掌握各种柔的、软的、温和的方式与人交流和沟通，从而变被动为主动，达到后发制人的目的。

一句幽默的话语

小米是一个相貌平平的女人，但是她说话非常幽默，因此赢得了同事们的好感。虽然她是部门经理，但是她的下属们跟她没有距离，只要是聚会一般都会邀请她。

虽然小米不漂亮，但每次她都是聚会中的耀眼“明星”。因为她幽默的语言，让大家非常开心，所以许多人都爱找她来聊。

这一天，下属小李举办家庭聚会，邀请了小米及同事。

小李的老公在招呼客人时，一不小心，把一杯水洒到了小米的脚上。小李夫妇非常尴尬，因为小米是客人，而且还是小李的领导，小李的老公非常窘迫，不知如何是好。

此时，小米却笑着不慌不忙地说道：“一般的程序都是先脱鞋后洗脚。”

满屋人顿时哈哈大笑起来，小李的老公也放松了神情，开心地笑了起来。一场尴尬就这样化解掉了，大家都很开心。这件事让小李和老公非常感谢她，小李在工作中也更加卖力气了。

心灵悟语 一句幽默的话语，能迅速地缩短与别人的心理距离，能在愉悦的气氛中化解尴尬和矛盾，消除彼此之间的隔阂。幽默风趣可以使矛盾双方从尴尬的困境中解脱出来，打破僵局，使紧张气氛得以缓和平息，使你获得更多的朋友，在人际交往中显得游刃有余。

可以说，一个女人，她可以温柔，可以妩媚，可以有智慧，可以善交际，而如果她还很幽默，令与她相处的人总感到愉快的话，这样的女人无疑更加具有吸引力。

学会不嫉贤妒能

有一位名叫麦克丝的商人和竞争对手陷入了对峙的状态，令他恼火的是，对方竟然在他的经销区域内与建筑师和承包商往来密切。

此外，麦克丝还得知，这个竞争对手还说麦克丝的公司没有信誉，已经陷入了经营困难的境地。

星期天早上，麦克丝听牧师讲道，这次主题是“要施恩给那些故意跟你为难的人”。

麦克丝面对牧师的话犹豫不决，因为那个竞争对手已经使他失去了一份大订单；以德报怨、化敌为友的策略真的能够解决问题吗，麦克丝越来越矛盾。

那天下午，麦克丝发现住在华盛顿的一位顾客需要一大批建筑材料，自己的公司没有这种产品，但是那个惹事的竞争对手却恰好出售这种产品。

麦克丝意识到竞争对手完全不知道这笔生意，应该遵从牧师的忠告，把这项生意告诉对手呢，还是让他永远也得不到这笔生意?

经过一番痛苦的内心挣扎后，麦克丝拨通了竞争对手家里的电话。对方听完后，尴尬得说不出一句话来，对麦克丝表示了莫名的感激。

从此，这个对手成为了麦克丝生意场上的好朋友，并有了多次合作的机会。

心灵悟语 自古以来，凡是嫉贤妒能的人大多心胸狭窄，而把主要精力放在对他人的攻击和诋毁上，不但破坏了双方合作的基础，还对自我能力的培养造成了很大伤害。所以，我们要拥有一颗包容心，善于与他人合作，克服嫉贤妒能的缺点。

懂得自我调控

一天，曹操派人建造了一座花园。完工后他亲自去察看。

工匠等待曹操的意见，但是他只在门上写了一个“活”字，就离开了。

大家不明白其中的深意，就问杨修。杨修解释说，“门”里面添一个“活”字就成了“阔”字，这分明是嫌门太大了。

于是，工匠们马上进行改造，果然赢得了曹操的赞许。

后来，曹操带领兵马和刘备在汉中交战，一时间陷入进退维谷的境地。

这天晚上，曹操正在喝鸡汤，看到碗里的鸡肋，发出一阵感叹。这时夏侯惇进来请示夜间的口令，曹操就随口说：“鸡肋。”

夏侯惇不明白其中的意思，就请教杨修。

杨修连忙解释说：“鸡肋者，食之无肉，弃之有味。现在我们进不能胜，退又会遭到他人耻笑，所以不如早点回去，魏王是想班师回朝啊。”

夏侯惇听了，满意地点头，一时间大家都收拾东西准备回家。曹操看到这种情形十分吃惊，当他听说这是杨修的主意时勃然大怒，于是下令把杨修斩首。

杨修固然有才华，但是他身为下级，在领导面前一再显露自己的才能，不懂得节制，不善于低调做事，最终招来杀身之祸。

心灵悟语 大海是有深度的，然而许多人只看到了海边的波浪，而没有注意到它暗流汹涌的一面。在这个竞争激烈的社会中，我们要懂得隐藏自己的锋芒，学会自我保护；我们要懂得“人外有人，天外有天”的道理，掌握韬光养晦的要义，这都需要我们培养自我调控、低调做事的心态。

及时认错的好处

战国时期，楚国有一位大臣名叫庄辛，他曾经对楚襄王说："大王在宫里的时候，州侯和夏侯伴随左右；而出行的时候，则有鄢陵君和寿陵君陪伴在身边。这四个人只追求奢侈享乐，对国家大事却不在行，咱们的国家就危险了！"

楚襄王听了非常生气："庄辛，你简直老糊涂了，不要在这里妖言惑众了。"

庄辛听了并不生气，他接着说："我并非要跟大王作对，更不会诅咒楚国会有厄运。但是如果大王一直宠信这些人，楚国真的很危险啊。请大王允许我到赵国躲一段时间，看看接下来会有什么事情发生。"

就这样，庄辛到了赵国，暂时居住下来。

半年后，秦国派兵进攻楚国，楚襄王最后被迫流亡到国外，才意识到庄辛当初的忠告很重要，于是马上派人把庄辛找回来，询问恢复国力的方法。

庄辛仍然诚恳地说："人们都有这样的认识，羊跑掉了才修补羊圈，这时还不迟。大王应该奋发图强，卷土重来。"

就这样，楚襄王听从庄辛的建议发展生产，很快就获得了成功。

心灵悟语 意识到自己的错误，然后主动改正，这是楚襄王难能可贵的地方。而他的这种品质帮助他有了从头再来的机会，给了我们很深的启示——知错能改，善莫大焉！

其实，及时认错有时也是一种"大柔若刚"的表现。正所谓："人非圣贤，孰能无过？"重要的是当我们犯错以后能够听进别人的意见，并勇于纠正错误——这就是"吃一堑，长一智"的成长智慧。

3. 举止优雅

优雅是一种美

一天，小丽问她的妈妈："妈妈，路边的花儿会说话吗?"

"噢，我亲爱的宝贝，花儿如果不会说话，春天该多么寂寞，谁还对春天左顾右盼?"

小丽满意地笑了。

小丽长到18岁，问她的爸爸："天上的星星会说话吗?"

"噢，孩子，星星若能说话，天上就会一片嘈杂，谁还会向往天堂静谧的乐园?"

小丽又满意地笑了。

小丽长到28岁，已是个成熟的女性了。

这一天，她又问做外交官的丈夫："昨晚的宴会，我的举止言谈合适吗?"

"你简直棒极了，"外交官不无欣赏和自豪地说，"你说话的时候，像叮咚的泉水，悠扬的乐曲，虽千言而不繁；你静处的时候，似浮香的荷、优雅的鹤，虽静音而传千言……能告诉我你是怎样修炼的吗?"

小丽笑着说："八岁的时候，我从当教师的妈妈那儿学会了和自然界的对话。十八岁的时候，我从当作家的爸爸那儿学会了什么时候该说话，什么时候不该说话。在见到你之前，我从哲学家、史学家、音乐家、外交家那里学会了和什么样的人谈什么样的话。最让我骄傲的是，我从你那里得到了思想、智慧、胆量和爱！所以，我要谢谢你们……”

心灵悟语 举止优雅是一种美，更是一种境界。可以说，优雅是女子魅力的至高境界。正因为真正的优雅可以驱散面容的缺陷，抵制岁月的侵蚀，几乎结合着所有的内在美，所以女孩走向优雅，一定要充实内心世界注重心灵锤炼，让美好的气质在自己的身上和心中生根发芽。

一块拒绝融化的冰

凌宁和慕辰是一个公司的同事。

凌宁是比较跟得上时代潮流的，是扮酷一族的领头羊似的人物。凌宁剪了一头短发，刘海处还挑染了几小撮绿色，顺着额头垂下来，遮住了一只眼睛半张脸。她穿着满是口袋的肥肥大大的牛仔裤，腰间还挂着几条银链子。

每天凌宁来到公司，都冷着脸走进公司的大门，对同事视而不见。最初的时候，有同事热情地跟她打招呼，她虽然也答应，却面无表情。

我们知道，“酷”本是cool的意思，酷人对谁都像秋风扫落叶一样，即使谈恋爱也难改变，就像歌中唱的是“一块拒绝融化的冰”。久而久之，同事们都觉得凌宁深不可测，都离她远远的。

慕辰与凌宁正好相反，她打扮得很朴素，穿着在凌宁看来是她奶奶那辈子人才穿的白衬衣蓝裙子而且留着过时的长发。慕辰性情温和，整天面带微笑，见了同事都主动打招呼，在公司里人缘很好。

有一天，公司组织到外面旅游，大家一起爬山，爬到最后，女孩子们都很累了，男同事们就当起了护花使者，帮着女同事提包。慕辰的包被男同事背过去了，可是却没有人愿意跟凌宁打招呼，怕面对她冷冷的面孔。

男同事们互相摧诿，最后有一个男同事硬着头皮跟凌宁说道：“我帮你背包吧！”

凌宁生硬地说道：“我能背得动，用你背干什么？”把男同事搞个大红脸，灰溜溜地躲到一边去了。

慕辰总是挂着浅浅的笑，很有亲和力，同事们在工作中有什么事都请她帮忙，当她有困难时大家也主动帮助。凌宁却板着脸，总是独来独往，看上去非常孤傲。看着慕辰与大家打成一片，她还非常不屑，觉得老虎、狮子从来都是独来独往的，只有羊、蚂蚁等才会成群结队。她认为只要自己努力做好分内工作，其他人缘不人缘的根本没有用，自己能力足够了，也不用求别人帮忙。

没想到，凌宁的努力还真见成效了，老板看她工作很出色，就决定把她提升为主管。可是这个主管没当到两个月，就使得公司业绩下滑。虽然老板欣赏她出类拔萃的个人业务水平，但却并未意识到，她因为与同事相处得不融洽，根本无法让自己掌握的技术诀窍在团队中发挥作用。

后来，慕辰被提升为主管，凌宁还是回到了原来的工作岗位上，凌宁对此非常不服气，但是她却不知道：正是装酷使自己成为了绝“缘”体，结果失去了亲和力，影响了自己管理能力的发挥。

心灵悟语　女生是水做的，水太冷了会结冰，所以还是温暖一些好。其实，装酷是对女性的柔美的一种叛逆，然而女性一旦“冰”起脸来，也在无声无息之间将自己的亲和力抹杀了，有如在自己与别人之间设置了一道屏障，所以说装酷的人往往是绝“缘”体，说得直白一点，就是没人缘。

我们知道，植物具有向光性，窗子里射进阳光，植物会向阳光方向靠拢。人同样有这种“向光性”。一个面露微笑、满是亲和力的女人，像一束温暖的阳光，照进了他人的心里，会让人顿生好感。

一个与众不同的应聘者

朱丽娜需要一名勤杂工，于是在一家报纸上登出了“诚聘”广告。

广告一经刊出，立即有50多人前来应聘。最后，朱丽娜选中了一个很不起眼的女孩。

一位朋友很不理解，便问朱丽娜：“比这女孩强的大有人在，可你为什么偏偏喜欢这个女孩呢？她既没带一封介绍信，又没有任何熟人推荐，真让我感到意外。”

朱丽娜笑了笑说：“实不相瞒，这个女孩之所以被我相中，是因为她带来了三封极好的介绍信。”

“三封介绍信？我怎么没看见？”有人疑惑地问道。

“你听我说，当这女孩看见一位比自己年龄大的人前来应聘时，她赶紧起身让座，而别的年轻人却装作没看见，这是她的第一封介绍信——文明。

“进了我的办公室之后，她先摘下帽子，然后，微笑着彬彬有礼地回答我的各种问题，这是她的第二封介绍信——礼貌。

“在她进门之前，她在门口的那块脚踏毯子上先蹭掉脚上的泥土再进屋，以免踩脏了屋里的地面；当我和她交谈时，只见她衣着整洁，头发梳得整整齐齐，指甲也修得干干净净，这是她的第三封介绍信——卫生。

“我认为，当一名勤杂工能有这么三封过硬的‘介绍信’，比什么熟人的推荐都要强得多，所以我选中了她。”

“原来是这样……”友人恍然大悟道。

心灵悟语 故事中的女孩随身携带了三封过硬的“介绍信”——文明、礼貌、卫生。这是她平时积累的人格财富，而她用此获得了更大的收获。由此可见，一个女孩的魅力在于她的高尚人格。

聆听是最美的谈吐

有这样一个故事：

曾经有个国家派使臣来到中国，向皇帝进贡了三个一模一样的金人，同时提出一个问题：这三个金人哪个最有价值？

皇帝为了不丢大国的颜面，想了许多办法，称重量、看做工、检查纯度，等等，可是到最后只得出一个答案：在这些方面，三个金人都是分毫不差的。这可急坏了皇帝，他连连向大臣们征求好办法。

一个已经退位的大臣听说后，找到皇帝说："请给老臣一个机会，让我用一根稻草试试吧。"

皇帝不太相信，一根稻草怎么能试出来呢？由于没有别的办法，就只好让大臣试试看了。只见这个大臣拿着一根稻草来到三个小金人面前，当他把稻草插入第一个金人的耳朵里时，稻草的另一端从金人另一个耳朵里冒了出来；当把稻草插入第二个金人耳朵里时，稻草从嘴巴里露了出来；当他把稻草插入第三个金人耳朵里时，稻草掉进了金人肚子里。

老臣说道："第三个金人最有价值！"

站在旁边的使者赶紧点头，连连称赞。

心灵悟语　这个故事告诉我们，最有价值的人，不一定是最能说的人。善于倾听，才是成熟的人最基本的素质。外国有句谚语："用十秒钟的时间讲，用十分钟的时间听。"善于倾听，是说话成功的一个要诀。据美国俄亥俄州立大学一些学者的研究，成年人在一天时间里，有7%用于交流思想。在这7%的时间里，有30%用于讲，高达45%的时间用于听。

苏格拉底说过，自然赋予我们一张嘴，却给了两只耳朵，就是让我们多听少说。聆听是一门学问，会聆听的人，是把他人的话听到了心里。女人想要广结人缘，打开关系网，说话是必不可少的，但是并不是说得越多越好，学会倾听同样有必要。

两家小商店的店主人

一个小区里有两家小商店，东边那家的店主人是一个三十多岁的女人，每天只要有顾客进来，她就开始喋喋不休地说起来，主要是向顾客介绍自己的产品。

"你看这个马桶刷，是进口的，最新研制的，非常好用，只要轻轻一刷，就彻底干净了。如果你还用那种旧式的马桶刷，那你就太落伍了。"

向一个顾客介绍完之后，她又转过身来对另一个说道："这种面包特别有营养，粗粮烘制的，现在流行吃这种面包，你要是还没吃过，那你就太过时了。”

店主人只是自己滔滔不绝地介绍自己的产品，从不听顾客说话，结果有时顾客并不领情。

西边这家商店的主人是一个四五十岁的妇女，每天早晨，有顾客进来，她就热情地打招呼，然后问道：“怎么样，你邻居昨天来买东西，跟我聊天儿时说你家的狗病了，好了吗？”

“好了好了。”顾客应声说着。

女店主点头微笑，然后说道：“听你邻居说你家的狗洗澡后病了，我想你肯定没给它吹干，我这里有一种小型的吹风机，你需要不需要呢？”

“呦，太好了，正好我家那个坏了！”顾客挑了一台吹风机，然后又接着聊家长，一边聊一边挑东西，店女人只是听她说着，时不时点头附和。

顾客说道：“看，我就愿意跟你说话，有啥事都愿意跟你来聊聊。”

在挑酱油时顾客说道：“新出了一种XX牌酱油，做菜挺好用的，你下次进货时进一点，肯定好卖。”

店主连声道谢，赶紧记了下来。每次有顾客来买东西，店主总是听她们说一些家长里短，她只是点头微笑，然后从中发现顾客的需求，及时地推荐自己的产品。顾客拿她当朋友，还愿意帮她推荐一些好产品，所以西边这家商店盈利丰厚。

心灵悟语 如果你想让别人接纳你，那么你一定要具备优雅的举止和过硬的交际能力，懂得投其所好，这样才能获益。

杰丽雅的推销之路

杰丽雅是美国圣保罗市的缝纫机推销员，每月平均维持销售15台的纪录，这一纪录一直使她备感骄傲。

有一天，杰丽雅在鱼市上向一位中年人推销，却遭到呵斥，并被警告说如果她再不离去，就要把水泼到她身上。

然而，杰丽雅并未介意，还继续同他讲话，但令她做梦也想不到的是，那位中年人竟真把整桶的水毫不客气地倒向了她，使她当众成了一个落汤鸡。

受到这种羞辱，她不禁泪珠滚滚，负气地想：我何必要接受这种耻辱？即使我不做缝纫机的推销工作，丈夫的收入也足够养活一家人。在外抛头露面，还碰到这种惹人笑话的事，我……我……再也不做推销员了。

但是，回家之后，她冷静了下来，她觉得自己不能在这种耻辱面前退却，一股不服输的念头油然而生。

经过数天的思考，她终于得出一个结论：目前，我在公司一直是推销冠军，也许，这个工作就是我的天职，很可能是上帝有意的安排。如果我就此停止推销工作，这一生必定到死都要受这次失败和耻辱感的缠绕，永远不得安宁。好吧，我绝不为这次事件而气馁，我要一直维持冠军宝座到四个孩子大学毕业。

于是，杰丽雅以鱼市上的失败为新的起点。

后来，她连续创造了十几年推销成绩第一的佳绩。在美国的任何行业，至今还没有一个推销员，改写这一在一个公司守住十多年冠军宝座的纪录。

心灵悟语　如果杰丽雅不能承受住耻辱，就不会有她后来的惊人业绩。她的成功正是由于她具备很强的心理承受力，又能奋发努力，她才最终赢得了属于自己的“面子”与光荣。

其实，承受住了耻辱和获得新生没有什么区别，因为你一旦承受住了耻辱，再大的挫折和打击都将成为不值得回忆的过去，只有奔向成功才可以躲避耻辱的“再度光临”。

电影明星与修车女工

有一次，由于车子出现了问题，电影明星洛依德不得不将车开到检修站进行维修，一个女工接待了他。

这位女工熟练灵巧的双手和年轻美丽的容貌一下子吸引了洛依德。

在巴黎，人们都知道洛依德，但这个姑娘见到他的时候，却没表示出丝毫的惊讶和兴奋。这让洛依德既感觉有趣，又有些许失落。

洛依德问修车女工道："您喜欢看电影吗?"

女工一边修车，一边对洛依德说："当然喜欢，我是个影迷。"

不一会儿，车子修好了，女工没有丝毫表情地说："您可以开走了，先生。"

洛依德却依依不舍："小姐，您可以陪我去兜兜风吗？"

女工摇了摇头："不，先生，我还有工作。"

洛依德坚持着："这同样是您的工作。您修的车不是吗？"

修车女工看着他那坚定的神情，说道："好吧，是您开还是我开？"

"当然是您开，是我邀请您的嘛。"

"难道您不亲自检查车跑得好不好吗？"女工说，"看来没有什么问题，请让我下车好吗？"

洛依德再次问道："您喜欢看电影吗？"

"我回答过了，喜欢，而且是个影迷。"

洛依德听到她的答案，失落地问道："您不认识我？"

女工回答道："当然认识了，您一来我就认出来了，您是当代影帝阿列克斯·洛依德。"

洛依德说："既然如此，您为何对我这样冷淡？"

女工平静地说："不！您错了，我没有冷淡。只是没有像别的女孩子那样狂热。您有您的成绩，我有我的工作。您今天来修车，就是我的顾客，我应该像接待顾客一样接待您；将来如果您不再是明星了，再来修车，我也会像今天一样接待您。人与人之间不应该是这样吗？"

洛依德听了这番话，沉默了。在这个普通的女工面前，他感觉到自己的浅薄与狂妄。

洛依德坚定地说道：“小姐，谢谢！您让我受到了一次很好的教育。现在，我送您回去。再要修车的话，我还会来找您。”

心灵悟语 当我们需要获得他人的尊重和喜爱时，也要学会尊重他人，这是最基本的职业素质和情操，切莫自视清高。

学会尊重自己

南宋末年，元军占领了厓山，劝说文天祥投降。

文天祥含着眼泪说：“我现在国破家亡，身为宋朝的大臣，不能挽回局势，怎么敢向你们投降呢？”

就这样，文天祥被押到大都。元朝统治者知道文天祥是一个难得的人才，就把他送到上等的驿馆里，用美酒好菜招待他。

几天以后，元朝丞相博罗派宋朝投降的官员留梦炎去劝降文天祥。结果，留梦炎被骂了个狗血喷头，最后灰溜溜地离开了。

后来，博罗在枢密院大堂里亲自审讯文天祥。尽管对方威逼利诱，但是文天祥宁死不屈，始终维护着自己宋朝臣子的身份和尊严。他说：“自古以来，国家有兴有亡，做臣子的被灭被杀的，哪一个朝代没有？我是宋朝的臣子，现在既然已经失败，只求早死。”

因为不肯投降，文天祥被关到了阴暗潮湿的土牢里，过着艰苦的生活。尽管遭受着恶劣环境的折磨，但是文天祥的意志却很坚定。他相信，只要有爱国爱民族的浩然正气，就能够战胜一切恶劣的环境。

在牢房中，文天祥写下了千古传诵的《正气歌》，鼓舞了世世代代的人。他这种维护个人尊严、国家尊严的做法，赢得了无数人的敬重，包括当是元朝的统治者元世祖忽必烈。

心灵悟语　“人生自古谁无死，留取丹心照汗青。”文天祥为后人书写了英雄的史诗，赢得了后人的尊敬。可见，一个人只有具备自尊心，才能赢得他人的尊敬，这是我们立身的根本。所以，我们要拥有自尊心、培养坚强的个性，消除向他人乞讨的幻想。

摒弃高人一等的心理

有一次，英国大作家萧伯纳休息时和邻居小女孩一起玩耍。

当送小女孩回到家门口时，萧伯纳习惯性地对小女孩说：“知道我是谁吗？一会儿回家后告诉妈妈，就说今天你和萧伯纳一起玩了！”

小女孩眨了眨眼睛，然后天真地说：“知道我是谁吗？告诉你，刚才和你一起玩的是克里佩斯莱娅！”

听到这里，萧伯纳立刻意识到自己的名利心太重了，不禁十分羞愧。

此后，萧伯纳每次和朋友谈起这件事都会十分感慨：“那位小女孩给我上了人生最好的一课！一个人不论取得多大的成就，拥有多高的地位，他在人格上都应该与周围的人平等。”

心灵悟语　“人人生而平等”，这一思想是人际交往的基础。如果一个人不能站在这样一个“平台”上，就会在心理上出现一种不平等现象，使我们缺乏自信或者拔高自己，从而导致各种负面影响。

实际上，世上没有万事皆能的人，也没有一无是处的人。所谓“尺有所短、寸有所长”，一个人在某一方面取得了成就，在另一方面就可能是低手，会有自己的致命弱点。因此，我们要培养平等相处的心态，意识到自己的不足，看到他人的长处。

以德服人

隋朝末年，李渊担任太原长官，与李靖发生过矛盾。李渊准备起兵反抗隋朝，结果被李靖告发。

就这样，两个人之间产生了很深的矛盾。

李渊终于攻占了长安，并且捉住了李靖。大家都认为李靖死罪不可免除了，只能坐以待毙，但是李世民认为李靖是难得的人才，就拼命向父亲求情，结果保全了他的性命。

公元616年，李渊任命李靖为大元帅，带领人马征讨萧铣。起初，李靖取得了胜利，建立了军功，李渊就不断嘉奖他。

后来，李靖在战斗中遭遇挫折，唐军失利，李渊勃然大怒，又要处斩李靖。

经过大家求情，李靖才被免除死罪，于是他决心戴罪立功。

果然，李靖在接下来的战斗中大获全胜。李渊非常高兴，宣布既往不咎，这样使得李靖更加尽心尽力为朝廷效力。

李渊决定任用李靖以后，采取了恩威并施的统御方式，真正做到了以德服人，所以李靖的才能才得以有效发挥出来，为大唐的创立下了汗马功劳。

心灵悟语 以力服人，别人不是真心地服从，而是屈服于力量的悬殊；依靠自己的德行让别人心悦诚服，这才是完全出于自愿的信服。我们在与人交往的过程中，要善于以德服人，特别是对那些要成为知性女生的人来说，培养以德服人的心态，更是增添个人魅力的重要方式。

第三章

心智成熟
——知性女生的“完美蜕变”

1. 抓住机遇

主动创造机遇

郑玲佳在临近毕业时，制作了精美的简历，与其他人一样，开始了自己艰难的求职旅程。

开始的时候，郑玲佳买了很多信封、邮票，一次又一次地到邮局寄求职信，但是，她等来的是一次又一次的失败。

时间一天天地过去，看到其他同学的工作都有了眉目，郑玲佳终于决定改变策略主动出击。她到网络上下载了许多关于求职之道的资料，细心解读后，理了一个大众式的发型，然后到商场买了一套职业装，还买了一大包口香糖。

接着，她又重新挑选了印刷精美、质地优良的信封，开始了新一轮的投送。虽然这次回音不断传来，郑玲佳每天像赶场似的去面试。然而，结果还是不理想。屡战屡败的郑玲佳，翻着手头所剩无几的面试通知书，心中好不凄凉。其中有一份通知是一家化妆品公司寄来的，这无意间提醒了她，家里的洗涤用品该买了。

在商场里，郑玲佳看到了那家公司的产品，突然有了一种灵感，她似乎突然明白该怎么做了。于是，她在商场泡了一整天，观察有多少顾客光顾化妆品柜台，有多少人买了那家公司的产品。

她小心翼翼地赔着笑脸，向售货员小姐询问有关化妆品的事情，得到了不少“情报”。

面试那天，郑玲佳谈了不少关于化妆品市场的分析。主持面试的那家公司的副总是特地从上海赶来北京的，听了郑玲佳的讲述，他率直地说：“郑小姐，对不起！您刚才讲的有很多错……”

“哦！请您……请您再给我一次机会。”郑玲佳带着期望的眼神看着面前的副总。

副总笑着说道：“郑小姐，听我把话说完，尽管你讲的很多情况是错的，但你是所有应聘者中唯一肯花时间到商店去看我们产品的人。我看你是一个很有耐心的女孩，这样吧，你明天来上班吧！”

就这样，郑玲佳为自己主动创造了良好的机遇。几年后，她凭借自己有准备的头脑，把握住了一次次的机会，终于坐上了营销总监的位置。

心灵悟语

一切是这么的艰难，艰难是因为自己以前没有准备；一切又是这么的简单，简单是因为自己现在有了准备的头脑；一切是这么的偶然，一切又是这么的必然。我们身边每天都会围绕着很多的机会，包括你自己主动创造的机会。只有及时抓住机会的人，才能取得人生的成功，所以，我们在做事的时候，要懂得拿捏“时机”的火候，这样才能左右逢源。

机会往往很朴素

一个男孩出生在四川，由于家境贫寒，他初中毕业就外出打工了。

1997，他应聘为一家房地产代理公司的发单员，底薪300元，不包吃住，发出的单做成生意，才有一点提成。

上班后，他劲头十足，每天早晨6点就出门，晚上12点还在路边发宣传单。他连续拼命干了3个月，发出去的单子最多，反馈的信息也最多，却没做成一单生意。但他还是任劳任怨，始终在寻找良机，因为他一直都相信——机会往往很朴素。

通过不懈的努力，他的业务渐渐多起来，公司把他从发单员提拔为业务员。

当时，公司销售的楼盘是位于北京市西三环的高档写字楼，每平方米价值2000美元。这种高档房，每卖出一套，提成会很丰厚。他暗自高兴，以为马上就能做出成绩。

但两个月过去了，他一套房都没卖出去。直到有一天，有一名客户来找他。他喜忧参半，喜的是终于有了客户，忧的是不知该如何跟客户谈。他脸憋得通红，手心直冒汗。但是，除了简单地介绍楼盘的情况外，他不知道再讲些什么，只能傻傻地看着对方。结果，客户失望地走了。

此后，他开始苦练沟通技巧，主动跟街上的行人说话，介绍楼盘。

两个月后，他沟通的能力提高了许多。但他的业绩并不好，每个月只能卖出一两套房，在业务员里属于比较差的。

1998年8月，公司组建成5个销售组，采取末位淘汰制，他处在被淘汰的边缘。虽然他深知这一点，但他依然在等待属于自己的良机，而且他一直都为那个机会准备着。

当经验丰富的业务员跟客户交流时，他就坐在旁边认真地听，看他们如何介绍楼盘，如何拉近与客户的距离。他还买了很多关于营销技巧的书来学习，他学会了把握客户的心理，判断客户的需求，每次与客户交谈时都有针对性。他的业绩开始稳步上升，连续几年，他都拿到了全公司第一的销售业绩。

2003年最后一个季度，他又拿到全公司第一，并竞选当上了销售副总监。这一次，他一上任就开始精心培训手下的员工，将自己的经验毫无保留地传授给他们。他说："失败并不可怕，有时在失败中也能够寻找到有利的良机，因为机会往往很朴素。"

结果，他上任后第一个季度结束后，他的组取得了很好的成绩，销售额达到8000多万元，租赁金额也达5000多万元。

此后，他所带团队的业绩一直名列前茅，他的收入自然提高，每年的收入都在100万元以上。

这个懂得为机会努力的人就是胡闻俊。

心灵悟语　《易经》上说："潜龙勿用，见龙在田，飞龙在天，亢龙有悔。"意思是：一个人势力弱小、能力不足时，要懂得保护自己，不要承担重大责任；有一定能力的时候，才能出来做点事；个人能力、声望达到顶点时，才能做大事；一个人的高潮过去以后，就要懂得反省、退让。这是一个人从成长到成熟、引退的必然规律。

其实，机会对于任何人都是公平的，它在我们身边的时候，不是打扮得花枝招展，而是普普通通的，根本就不起眼。看起来耀眼的机会不是机会，是陷阱；真正的机会最初都是朴素的，只有经过主动与勤奋，它才变得格外绚烂。

从沟通中发现机会

贾诺是一家公司的业务主管，即将晋升为部门经理。由于赏识她的总经理调离，她的任命被耽搁了下来。

贾诺暗中了解到，原来公司里有些人在造她和前总经理的谣，说风流倜傥的前任总经理要提拔她，是因为她与前总经理关系暧昧。

这些谣言自然传到新来的总经理耳朵里，使得新总经理对她不冷不热。贾诺感到很委屈，可这事又不好直接向新总经理挑明，唯有加强沟通才能消除误解。

一天，贾诺利用午休时间主动和总经理交流。闲聊之中她把自己的经历和工作情况向总经理作了汇报，并说明自己工作经验不足、涉世不深，希望总经理多多批评指教。这次交流以后，总经理也特意留意了一下她，发现她确实是个不错的人才，对她的态度也有了改变。

此后，每次与总经理一起出差，她总会当着总经理的面拨打家里的电话和男友的电话，告之自己的行踪，显示自己很在意家庭和与男友的感情。

在有意无意的沟通中，总经理觉得她并不是一个随便的女孩，行为举止得体大方，并且待人真诚得体，业务能力也很强，便签发了对她的任命书。

心灵悟语 美国百货业巨子约翰·甘布士在谈到成功的经验时说："不要放弃任何一个哪怕只有万分之一的可能的机会。"时机对一个人的成长和发展是至关重要的，如果我们能够抓住机遇，就能使自己实现跨越式发展，否则就只能望洋兴叹了。

因此，无论是在一个组织内部，还是与他人交往，我们都要注意沟通，从中获取有价值的信息和机会，早日达成愿景。在许多情况下，沟通解决好了，成功的机会也就会自然而然地多起来。

懂得掌握时机

春秋战国时期，秦国大军攻打赵国的都城邯郸，赵孝成王请求平原君赵胜向楚国求救。

于是，肩负着重任的平原君决定亲自到楚国商议联合抗秦的事。

为了获得良好的谈判效果，平原君要带上二十名文武双全的人跟他一起去。面对手下三千门客，平原君轻松地找到了十九个人，但是最后一个却费尽周折。怎么办呢？正在着急的时候，有一个门客站起来说："让我来凑个数吧！"

平原君非常吃惊，仔细一看只觉得眼熟，但并不清楚他的具体情况，于是询问他的名字和做门客的时间。

对方回答说："我叫毛遂，到您这里已经有三年了。"

平原君疑惑地说："有才能的人在我这里，就像一把锥子放在口袋里，它的尖儿马上就会冒出来。你已经在我这里三年了，为什么我没听说过你有哪些才能呢？"

毛遂并不慌张，仍旧平静地说："这是因为今天您才看到这把锥子啊。要是您早点把它放在袋子里，它早就戳出来了！"

这些话立刻招致其他人的轻视，许多人认为毛遂是在说大话。

但是，平原君对他却非常赏识，这样的胆量和口才的确很难得，于是毛遂获得了一同前往楚国谈判的机会。

毛遂果然不负众望，面见楚考烈王的时候，他急中生智、灵活应变，坚定了楚王与赵国合纵抵抗秦国进攻的决心，实现了两国的合作。

心灵悟语 有时，机会就在你眼前，此时大胆尝试、自我推荐显然尤为重要。因为"毛遂自荐"是一种积极主动的做事哲学，能够让我们掌握时机，做命运的主宰。在现代开放的社会中，每个人都应该具备这种意识，善于推销自己，从而掌握时机，成就大事。

把不可能变成现实

在一家著名牙膏公司的办公室里，总裁和一群业务主管正在激烈地探讨如何提高产品销量。

但是，没有一个建议令总裁满意。他目光炯炯地盯着会议桌上的牙膏，提出了一项大胆的设想："谁能提出一个具体方案，让牙膏销售量大幅度增长，公司将奖励他10万美元。"

重赏之下必有勇夫。所有业务主管无不绞尽脑汁，在会议桌上提出各式各样的点子，但是没有一个点子得到总裁的认可。一时间，每个人都如热锅上的蚂蚁变得焦躁不安，而会议的气氛也变得凝重起来。

这时候，一位到会议室为大家送咖啡的服务人员听到了总裁的议题。只见她放下手中的咖啡壶，怯生生地问道："我可以提出我的看法吗？"

总裁冷漠地看了她一眼，然后说道："可以，不过你要保证你的建议能够让我产生兴趣。"

女孩微笑了一下："我想，每个人在清晨赶着上班时，匆忙挤出的牙膏，长度早已固定成为习惯。所以，只要我们把牙膏管的出口加大一点，大约比原口径大个40%，挤出来的牙膏量就多了一倍。这样一来，公司的牙膏销量就能大幅增长了。"

总裁边听边想，不住地点头，然后鼓起掌来。接着，整个会议室里响起了一片喝彩声。

心灵悟语　培根指出："智者所创造的机会，要比他所能找到的多。只是消极地等待机会，这是一种侥幸的心理。正如樱树那样，虽然在静静地等待着春天的到来，但是它却无时无刻不在蓄精养锐。"机遇是一种稀缺资源，往往来无影去无踪，非人力所能左右。但是，在主动进取的人面前，它又是可以创造的。因此，在个人发展中，我们要时刻注意关注环境变化，善于审时度势、见缝插针，寻求有利于自身发展的机缘，必要的时候创造机遇。

待机与顺势的裨益

明朝末年，李自成发动了农民起义，打得明朝军队节节败退。

后来，起义军攻进了北京城，明朝灭亡。李自成以为天下太平了，就在北京称帝，却忽视了危险的北部势力——清朝。

其实，清朝统治者早就想进军中原了，只是时机未到。现在，看到明朝灭亡，新政权未稳，人心不安，正是发兵的最佳时机。

当时，大学士范文程对多尔衮说："李闯王在明朝京城称帝，明朝臣民莫不切齿痛恨。如果我国乘此机会出师，打着吊民伐罪的旗号，布告中国臣民，必望风归附，共同攻击李自成。这样，驱除流寇，平定中原的愿望，便可一下实现了。"多尔衮与太后商议后，同意了这一方案。

接着，多尔衮率师，借助明将吴三桂的力量，很快攻入山海关；打败了李自成后，清军攻入北京。

顿时，天下大震，清军乘势大举入侵，四面出击，最后采取各种办法统一了中国。

清军入关，统一了中原，这是许多人没想到的事。显然，以多尔衮为代表的清朝统治者善于待机而发，懂得顺势而为，这是获得成功的关键。

心灵悟语 我们都知道，借助强势的风行船，可以实现日行千里。其实，人生发展也存在"势"的问题，得势的时候平步青云，失势的时候一落千丈。

姜太公说过："时难得而易失，待机而动，事乃有功。"做人做事也是如此。所以，在做事情的时候，需要判断情势、明辨利害，而不能单纯朝着既定目标前进，"待机"与"顺势"应相辅相成，必须待时而动，因机而发。时机未到，不可妄动；时机已到，不可迟疑。我们只有善于把握时机，才能获得成功，免受挫折。

善于乘势攻取

《新唐书》记载：李世民讨伐敌人时，往往率兵乘胜追击，不断巩固并扩大战果。

比如，进攻王世充时，李世民多次挫败了对方锐气，然后采取了包围的战略，围困了洛阳。

洛阳防御工事固若金汤，不少将领认为：王世充面临生死之战，一定会全力抵抗，不如暂时退兵，日后集中更多兵力攻城。

李世民说："我们大举而来，气吞山河，当然要乘胜攻取，一劳永逸。现在，各地的诸侯都已经归顺了我们，取得最后的胜利已经可以预见。虽然洛阳城防御牢固，但是它是一座孤城，四周无援，时间一长就会不攻自破。唾手可得的时候，怎么能弃城而走呢？那样岂不是丢失良机吗？"

接着，李世民下令进军。

果然，王世充毫无抵抗的力量，眼看大势已去，为保全身家性命，便不战而降，向唐称臣。

通过这一战，李世民基本上控制了全国的局势。

在隋末二百多支起义军中，李世民独树一帜，逐步征服异己，从而实现重新的统一，建立唐朝，这并非侥幸取胜，而是他勇于攻取、善于乘机、竭尽人事之所成。

心灵悟语 机遇不常在，"一鼓作气"才能成就大事。真正善于乘势的人会发扬连续作战的作风，无所疑惧。所以，在做事的过程中，遇到有利时机一定要勇往直前，这样才能势如破竹，大功告成。如果犹豫不决，"前怕狼，后怕虎"，往往会坐失破竹之势。到了大势已去的时候，就只能仰天长叹了。

深谋远虑才能处事不惊

春秋战国时期，北方的赵国一心发奋图强，渴望使自己迅速强大起来。

有一次，赵武灵王对臣子楼缓说："我们的东边有齐国、中山，北边有燕国、东胡，西边有秦国、韩国和楼烦。如果不快速强大起来，随时都有被别人消灭的危险。"

楼缓听了非常赞同，然后就问富国强兵的策略。

赵武灵王接着说："想要变得强大起来，必须进行改革。你看我们穿的长袍大褂，干活打仗都不方便，胡人的短衣窄袖、皮靴就比我们灵活得多。"

楼缓立刻领会了赵武灵王的意图，原来大王要仿照胡人的风俗改变穿着。而且，赵武灵王还要学胡人那样骑马射箭，克服打仗时全靠步兵、用马拉车的不足。

在和大臣商量时，赵武灵王的意见遭到了大家的反对。后来，大臣肥义说："大王要办大事就不能犹豫，既然认为胡服骑射对国家有利，就不能担心大家的讥笑。"

赵武灵王听了很高兴，开始大力推行自己的变革。

很快，赵国的势力发展了起来。

公元前305年，赵武灵王亲自率领骑兵打败了临近的中山国，此后又收服了东胡和临近几个部落，成为当时的一方霸主。赵武灵王眼光远、胆子大，真正做到了未雨绸缪，以自己的深谋远虑使国家强盛起来，成为一代枭雄。

心灵悟语　当我们遇到挑战的时候，主动出击并不是最有效的处理方法，真正高妙的手段是未雨绸缪、深谋远虑。当事情还没有发生的时候，当危机还没有显现的时候，我们就意识到未来的情景，做好防护的措施，进行提早规划，这样才能把握先机，掌握自己的人生命运。

2. 注重细节

巧妙的面试

这一年，冯佳佳大学毕业了，她幸运地得到了在国内一家知名公司面试的机会，这让其他同学羡慕不已。

面试那天，冯佳佳提前到了这家公司的总台，她看到总台的两位小姐一边接电话，一边整理报纸，还有几位找公司相关人员办事的人员站在旁边等待。

15分钟后，她被通知到三楼董事长办公室面试。上楼时，冯佳佳一边走，一边观察，进了董事长办公室后，又环顾了一下董事长的办公室。

在面试正式开始之前，冯佳佳请求道："董事长，在您面试我之前，能不能让我先说一说到贵公司的一些感受与体会？"

董事长说："当然可以，请说吧！"

冯佳佳说道："我到公司总台，看到有五个人来贵公司办事，可是因为总台边上没有凳子，他们是站着等的，据说他们有的等了半小时了，站累了不得不蹲在边上。我想能否在总台边上摆上几张沙发和一张茶几，再放一个饮水机，有人来了，可以坐着等，总台小姐可以给他们接一杯水。我在上楼时还看到有几名员工勾肩搭背，走得很慢，还说说笑笑，打打闹闹，挡住了我的路。这说明贵公司对员工的管理以及企业文化没有注意对员工细节上的要求。我想应该在楼道的墙上贴上'轻声、快步、靠右走'的小字幅。另外，我上楼时，看到卫生间门上写着'卫生间'三个字，档次太低，应该挂统一制作、有中英文标志的小牌子；楼道里的垃圾桶是铁桶，还没有盖子，里面的垃圾都让人瞧见了，很不雅观。我们这么好的企业，应该经常有参观者吧，这些细节有损公司的良好形象。”

说完后，冯佳佳对面前的董事长自信地笑了笑。而董事长也同样笑着对她说道：“你的意见我会慎重考虑的……”

这一场面试的时间很快过去了，董事长只是简单地问了冯佳佳一些情况，面试就结束了。

后来，冯佳佳被公司录用了，并且被安排在总裁办工作。

心灵悟语 一场巧妙的面试让冯佳佳观察出了她所应聘公司的一些细节上的问题，并当即提出建设性的意见，这为她成功应聘奠定了坚实的基础。其实，只要你能够在做事的时候观察入微，注意每个小细节，就一定会有不一样的收获。

细节是成败的关键

陈婷是南方一知名大学的应届毕业生。当同学们都忙着找工作时，陈婷也不例外。

那天，她所在的城市有个大型招聘会，陈婷准备去看看。当准备出门时她不小心碰翻了桌上的水杯，放在桌上的简历也不小心浸湿了。为了尽快赶到会场，陈婷只将简历简单地晾了一下，便和其他东西一起匆匆塞进背包。

在招聘会现场，陈婷看中了一家房地产公司的广告策划主管岗位。按照这家企业的要求，招聘人员将先与应聘者简单交谈，再决定是否收简历，被收简历的人将得到面试的机会。

经过简短的交流后，招聘人员便向她要简历。陈婷受宠若惊地掏出简历，这时她才发现，简历上不光有一片小渍，而且放在包里一揉，再加上钥匙等东西的划痕，已经不成样子了。招聘人员看到她手上那份皱巴巴的简历终是没有收下。陈婷因此错过了一个工作的机会。

心灵悟语 如果一切归于有序，决定成败的必将是微若沙砾的细节。在人的成长过程中，很多看似微不足道的事情很可能就会成为促使我们发生转变的关键。这个世界无处不存在商机，有些人很早就发现商机，有些人则很晚，究其所以就是没有留意细节。实际上，生活的一切原本都是由细节构成的，大的方向确定之后，只有把握好细微的环节，才能在做人的过程中赢得人心、在做事的过程中顺利达成目标。

把握细节

欧洲战神拿破仑之所以在战场上所向披靡，击败了一个个竞争对手，这与他不分事情大小追求精确和完美的个性密不可分。

1805年，拿破仑下达了军队从英吉利海峡东岸挥师多瑙河的命令。

在整个行军、布阵的过程中，拿破仑逐一过问了各个环节的执行情况，有些甚至超出了一般军官的管理范畴。这给全军带来了巨大压力，大家在统帅的感染下不敢有丝毫的懈怠，从行军路线、出发时刻到时间控制，拿破仑和士兵们作出了精细的安排、实现了有效的执行。

这种对每个作战细节都通盘考虑的做法，保证了军队完全按照预期的计划出色执行，从而使军队在向多瑙河进攻的战役中获得了巨大成功。

这次行军结束后就是著名的奥斯特里茨大捷，此后拿破仑神有如神兵天降，整个战役的胜利则改写了当时欧洲十几年的政治格局。

心灵悟语 “一树一菩提，一沙一世界。”善于大处着眼、小处着手，能让我们实现完美的行动过程，早日走上成功的通道。

对于一个知性女生来说，培养把握细节、做事无大小的性格是异常重要的。因为做事的过程是对信息和前景把握的过程，认真、负责、忠实的态度往往比技术、技巧更加重要。一个人想要在一定时间内做好一件事情并不难，但是无论事情大小都能始终灵活自如地完成，这就是非常难得的事情了，而这是许多人获得成功的重要条件。

掌握细节信息

1986年，丽蓉在成都的一家衬衫厂当工人，设计、裁剪和缝纫样样全能。

然而，由于从事的工作与自己向往的自由的经商理想严重背离，所以丽蓉当年就辞职自行发展了。不过，辞职容易创业难，自己创业不仅需要资金和市场，还要会管理，而丽蓉一样条件也不具备。但她这个人不喜欢退缩，拿着从亲戚朋友那里凑齐的10万元钱，开起了自己的服装厂。买不起缝纫机，她就让工人们自带；没钱请人，厂长、技术员、业务员、采购员甚至保安，她全都一肩挑。

丽蓉制作服装时，每个细节她都会认真对待，无论哪个环节需要原料，她都会亲自骑上自行车出去采购，从成都的东门奔到西门，再由西门拐到南门。

有时候刚刚买了东西送到厂里，工人们就又叫起来：厂长厂长什么什么料没有了。她一听就着急了，不能窝工啊，马上骑着车子再往外跑。

有一天，丽蓉正骑着自行车，突然昏倒在了街上，醒来看见好多人围观，丽蓉心想自己今天这是怎么了，坐在地上琢磨半天，才意识到自己跑了一整天还没吃上一口饭呢。

第一批产品出来后，丽蓉自己跑到大商场去推销。可一听是民营企业生产的，人家根本就不睬她，连连摆手说“不要不要”。

丽蓉不厌其烦地跟他们讲：“你看看我的产品样式，先给挂上3天，如果3天之内没有销售你退给我。”

最后，他们终于同意了，把丽蓉的衣服挂在了一个很不起眼的地方。她又去找服务员商量，请他们把她的产品挂在稍微显眼一点的地方。

丽蓉甚至一个商场一个商场地跑着帮他们卖。因为这些服装是她自己设计的，款式上占有优势，3天时间里，那些挂出来的衣服就都卖掉了。

就是凭借这种善于抓住细节信息的精神，丽蓉赚到了她人生的第一桶金，也为自己事业的壮大奠定了基础。

心灵悟语 当你决心做一件事情的时候，必须掌握每一条细节信息，哪怕是每一个不起眼的小事，这样才能对自己手中的“工具”进行最准确的分析并加以利用，进而把指日可待的成功掌控在自己的手中。

3. 妙语连珠

委婉的说话技巧

战国时期，赵太后执掌赵国的朝政，面临着来自强大秦国的威胁。赵国向齐国求援，但是对方要求赵太后把幼子长安君送过去当人质，才肯出兵。

一时间，赵太后左右为难。后来，大臣触龙求见赵太后，却不提人质的事，只是问候太后身体状况。双方谈论起健康来，赵太后逐渐没有了怒气。

这时，触龙说想让自己15岁的儿子来王宫当一名侍卫，并把他托付给太后。

太后说："没想到男子汉也这样宠爱自己的小儿子。"

触龙说："父母疼爱自己的子女，总是要替他们作长远打算。"

赵太后听了不住地点头，触龙试探性地说："我觉得太后为自己的儿子打算得不够长远。自古以来王子王孙能够世代继承王位的非常少，不是他们没能力，而是因为他们没有为国家建立过功勋，结果执政后并不能维持政局稳定。"

这时，太后终于明白触龙是在劝说自己派儿子去做人质。但是，她已经彻底被对方说服了，最后把长安君送到了齐国。

心灵悟语 触龙劝说赵太后，没有开门见山地游说，而是采用委婉的方式因势利导，使赵太后认识到其中的玄机。最后，触龙达到了自己的目的。

事实上，人的心灵是柔弱的，交谈的语言魅力不仅在于丰富的思想内容，还在于双方谈话中默契的表达，包括委婉的说话技巧。在沟通的过程中，交谈很容易，但要说服别人则很难。而委婉的谈话艺术则是达成目的的关键，还是个人修养的体现，能够增加自己的魅力。所以，掌握委婉的口才表达技巧必不可少。

形象地表达更通俗易懂

爱因斯坦是美国著名的物理学家。自从他创立了“相对论”学说以后，经常有记者和一些非专业人士向他请教有关“相对论”的问题。但这个问题比较高深，不是一句两句可以解释清楚的。

有一次，一位美国女记者采访爱因斯坦，问道：“依你看，时间和永恒有什么区别呢？”

爱因斯坦答道：“亲爱的女士，如果我有时间给您解释它们之间的区别的话，那么，当您明白的时候，永恒就消失了！”

爱因斯坦这段回答非常含蓄、幽默。从表面看，他似乎是抱歉地解释，由于自己没有时间，无法从学术上向对方就“时间与永恒的关系”这个深奥的问题作出解释。但事实上，在这段简短而幽默的道歉和解释语中，已包含了对这个问题的生动、形象、通俗而深刻的答案。这个答案虽然不是一个科学的严谨的定义，但从像这位女记者一样的普通人的专业知识基础出发，这却是一个她们非常容易接受的形象、生动、诙谐的解释。

心灵悟语 在口才表达中，我们要避免一味讲解大道理，应该学会用生动形象的比喻鲜明地阐述自己的观点，这不仅使我们讲的道理有趣味性，同时还通俗易懂，易于接受。而有时又会使冗长深奥的陈述变得短小精辟。

用沟通消除误解

有人评价中国古典名著《红楼梦》是一部包罗万象的百宝全书。的确如此，单从口才艺术的角度来研究，我们就可以看到不少成功范例。

薛、林关系的转折是由宝钗对黛玉的一次教导开始的。

一次，贾母等人猜拳行令玩乐，林黛玉无意中说出《西厢记》与《牡丹亭》里的句子。《西厢记》、《牡丹亭》都是当时的禁书，一个未出阁的名门闺秀读这样的书已是大逆不道，何况还说出其中的艳词，好在很多人并没有听出来。

然而，瞒得过众人，却瞒不过宝钗。然而宝钗何其高明，当时她并不言语，她已将这作为和黛玉和解的一个契机了。宝钗没有宣之于众，让黛玉难堪。

等到了没人处，才叫住黛玉，冷笑道："好个千金小姐，好个不出阁的女孩儿！满嘴说的是什么？"

就这样，宝钗先来个下马威，让黛玉觉得问题的严重，求饶道："好姐姐，你别说与别人，我以后再也不说了。"

宝钗见她满脸绯红，便不肯再往下追问，这样又让黛玉觉得感激。

但宝钗并不就此罢休，而是设身处地从真心出发，循循善诱地教导黛玉。尽管其教导的内容并不见得正确，但皆出自肺腑之言，难怪"一席话说得黛玉垂下头来吃茶，心中暗服，只有答应一个'是'了"。

而宝钗呢，终于没有向任何人透露一点黛玉失口的事，显得宝钗是一片真心为黛玉好，最后彻底导致心高气傲的黛玉改变了对宝钗的成见，叹道："从前日你说看杂书不好，又劝我那些好话，竟大感激你。往日竟是我错了，实在误到如今。昨儿亲自经过，才知道了。比如若是你说了那个，我断不会放过的，你竟毫不介意，反劝我那些话，若不是前日看出来，今日这话，再不对你说的。"

至此，钗、黛二人完全和解了，并且成了知心朋友。

心灵悟语　如果想与自己关系不和的人化敌为友，最主要是真诚，真心实意地与对方沟通，设身处地地为对方着想，言辞恳切、态度认真，对方一定会为你的真心所打动。

从对方的兴趣谈起

美国优美座位公司经理亚当森得知柯达公司总裁伊斯曼先生要捐巨款在曼彻斯特建造音乐厅、纪念馆和剧院。于是，他来到柯达公司总部，要面见伊斯曼先生。

许多制造商都已前来洽谈过，而没有结果。亚当森希望能争取到这笔生意，当他获得洽谈许可后，秘书告诫他只能有五分钟的时间。

秘书领着亚当森进入了伊斯曼的办公室时，伊斯曼正忙于桌子上的一大堆文件。亚当森环视办公室左右，静静地等候在那里。

过了一会儿，亚当森环视着办公室说："伊斯曼先生，在这里等候您的时候，我仔细地观察了您的这间办公室。我本人长期从事室内的木工装修，但从未见过装修得这么精致的办公室。"

伊斯曼总裁高兴地说："哎呀！您提醒了我差不多忘记了的事情。这间办公室是我亲自设计的，当初刚建好的时候，我喜欢极了。但是后来一忙，一连几个星期我都没有时间仔细欣赏一下这个房间。"

亚当森走到墙边，用手指在木板上敲了敲，说："我想这是英国橡木，是不是？意大利橡木的质地不是这样的。"

"是的。"伊斯曼总裁高兴地站起身来说，"那是从英国进口的橡木，是我的一位专门研究室内细木的朋友专程去英国为我订的货。"

伊斯曼总裁情绪极好，竟然站起身来，撇下那堆待批的文件，带着亚当森仔细参观起办公室来。他把办公室内的所有装饰一件一件地向亚当森介绍，从木质谈到比例，又从比例谈到颜色，从工艺谈到价格，然后详细地介绍了他设计的过程。

亚当森微笑着聆听，饶有兴致，并且不时给予继续的示意和鼓励。本来秘书警告过亚当森，谈话不要超过五分钟，结果，亚当森与伊斯曼谈了一个多小时。

后来，亚当森不仅得到了这批工程的订单，而且和伊斯曼结下了终身的友谊。

心灵悟语　亚当森的成功诀窍就是通过谈话交朋友，千方百计激起对方谈话的兴趣，从而建立真挚的朋友关系，当然生意也就好做了。所以，当不了解别人的意图，不知道别人的习惯的时候，就应该细心观察，用对方可能感兴趣的话题引导对方，加上适当的赞美和鼓励，谈话会很融洽，生意成交的概率也会大增。

用妙语化解尴尬气氛

有一次，主人欢迎某代表团参观。

代表团刚下车就遇到了大雨，原定参观的项目只得暂停。

大家不免感到扫兴。

这时，主人立即向客人问好，说道："中国有句古话：'有朋自远方来，不亦乐乎！'你们看，连老天爷也为各位接风洗尘。"

一席话将坏事说成了好事，使客人感觉到了主人的热情，取得了很好的效果。

心灵悟语　用妙语化解不适宜的气氛，既是交际的需要，同时也是一种交际智慧、交际艺术。这需要在长期的实践中多留心、多观察，培养自己机智幽默、风趣灵活的思维和口才。只有这样，才能在交际活动中左右逢源，随机应变。

适时劝诱的秘诀

第二次世界大战期间，美国经济学家亚历山大·萨克斯为了说服罗斯福同意尽快在美国着手研制原子弹，到白宫向罗斯福面呈了爱因斯坦等科学家签名的信件。然而，罗斯福总统对萨克斯滔滔不绝却又艰深的科学论述不以为然，反应冷淡。

第二天，萨克斯在与罗斯福共进早餐时，对总统说："我今天只想讲一点历史。英法战争期间，在欧洲大陆上不可一世的拿破仑，在海上却遭到惨败。就在这时，一位年轻的美国发明家富尔顿来到拿破仑面前，建议将法国的战舰砍掉桅杆，撤去风帆，装上蒸汽机，把木板换成钢板，这样做可以大大提高海军的战斗力。可是我们这位伟大的科西嘉人以为这简直是笑话，船没有帆能航行吗？木板换成钢板船能不下沉吗？结果拿破仑把富尔顿轰了出去。如果当时拿破仑认真考虑并采纳富尔顿的建议，那么，19世纪世界的历史就有可能重写了。”

说完，萨克斯用深沉的目光注视着总统。

罗斯福沉默了几分钟，然后拿出了一瓶拿破仑时代的法国白兰地，斟了满杯，递给萨克斯说：“你胜利了！”

于是，就有了1945年7月世界第一颗原子弹的爆炸。

萨克斯在第一次从正面进攻失败后，第二次采用旁敲侧击的方法，从侧面进攻。他生动地向罗斯福讲述了当年拿破仑一意孤行、刚愎自用、不相信科学留下的深刻教训，从而通过巧妙的暗示，最终说服了罗斯福总统。

心灵悟语 劝诱往往是通过恰当的语言与形象的类比，把一个道理通过另外一种角度讲出来，并解释清楚，因为正面对一个事物进行解释，可能会遭到对方的抵触情绪，所以先入为主地进行反对，而当通过另外一件事把道理解释清楚后，再回到原来的位置，对方就会恍然大悟。

善于发挥沉默的力量

秦昭襄王在位已36年，但国家军政权力依然掌握在母亲宣太后和叔叔穰侯手中。

范雎就是在这时到达秦国的，他先给昭襄王上书，说自己有办法使秦国强大，还暗示了如何处理昭襄王与宣太后及穰侯的关系问题。

昭襄王于是召见范雎，对他说：“早该拜见先生的，只是政务烦心，每天要去请示太后，所以拖到现在。我生性愚钝，请先生不要客气，多加教诲。”

范雎一言不发，若无其事地向四周顾盼着。左右群臣们都有些不安地看着事态的发展。昭襄王猜想可能是由于众臣在场，范雎有所不便，就摒退众臣，但范雎仍然一言不发。

昭襄王于是又问道："先生用什么赐教我？"

范雎开了口，说："是，是。"

停了一会儿，秦王又一次请教，范雎仍只是说："是，是。"如此重复了好几次。

后来，昭襄王长跪不起，说："先生不肯指教我吗？至少也该说一下一言不发的理由吧！"

这时，范雎才拜谢道："不敢如此。"于是滔滔不绝地谈下去。昭襄王听了范雎的话之后，十分赞赏。

几年后，昭襄王让范雎做了秦国宰相。

范雎别出心裁的说服方法，确有其妙不可言的独特效力。沉默使昭襄王摒退了众臣，也使昭襄王能怀着一种惊异而又专注的心理来倾听自己的意见，并加重对自己的敬重之意。

心灵悟语

由于在会见前，范雎已出其不意地点明了昭襄王忧心的事，所以不用担心自己不言而昭襄王会不再求问，正是有了这种十足的把握，他才敢采用沉默的方法。这种方法在现代也经常被人们采用。有些政治家在谈判时爱装聋扮哑，为了使自己的意见能被接受，故意对别人提出的意见充耳不闻。其实，在默默无言的相对之中，两个人的心灵实则在交谈，凝固在犯错者心头的冰块正在渐渐融化。对方最终会承认自己的错误，因为他被你的"不言而言"给说服了。

4. 大辩若讷

用机智巧妙的话摆脱困境

光绪年间，兵部右侍郎彭玉麟只身路过一条僻巷，一位女子用竹竿晒衣服，一失手竹竿坠落下来，正好击中彭的头部。

彭玉麟大怒，厉声斥骂。那女子一看，原来是彭玉麟，内心十分害怕。

她急中生智，说："你这副腔调像行伍里的人，所以这样蛮横无礼，你可知道彭宫保就在这里！他清廉正直，假如我去告诉他老人家，怕要砍了你的脑袋呢！"

彭玉麟听了，马上转怒为喜地走了。

心灵悟语 令人尴尬的场面也许人人都经历过。当你陷入某种难堪境地时，默不作声、生气以至动怒，都难以摆脱窘境，而有时一两句机智、巧妙的话语却可以打破沉寂，化解难堪，使你心中的不快烟消云散。

巧解妙答

美国总统罗斯福在任总统前曾在海军中任职。

一次，一位朋友向他打听海军在加勒比海的一个小岛上建立潜艇基地的计划。

罗斯福向四周看了看，似乎怕有人注意，然后悄声问朋友：“你能保守秘密吗？”

朋友答道：“能，当然能！我会守口如瓶。”

罗斯福微微一笑地跟着说：“那么，我也能，我也会守口如瓶。”

这段对话，委婉巧妙，机敏灵活，异常精彩。

心灵悟语 在一些场合，问者会有意提出一些使对方不便回答的问题，诱使对方回答，对此答方应有所戒备，不能简单地问什么答什么，可以寻找别的可以替代的话来回答。

巧用自责

美国心理学家卡耐基常常带一只叫雷斯的小猎狗到公园散步。因为他们在公园里很少碰到人，又因为这条狗友善而不伤人，所以他常常不给雷斯系狗链或戴口罩。

有一天，他们在公园遇见一位骑马的警察。警察严厉地说，“你为什么让你的狗跑来跑去而不给它系上链子或戴上口罩？你难道不知道这是犯法吗？”

卡耐基低声地说：“是的，我晓得。不过，我认为它不至于在这儿咬人。”

“你不认为，你不认为！法律是不管你怎么认为的。它可能在这里咬死松鼠或咬伤小孩。这次我不追究，假如下次再被我碰上，你就必须跟法官解释了。”

卡耐基的确照办了。可是，他的雷斯不喜欢戴口罩，他也不喜欢它那样。

一天下午，他和雷斯正在一座小山坡上赛跑，突然，他看见警察正骑在一匹红棕色的马上。

卡耐基想，这下栽了！他决定不等警察开口就先发制人。他说：“先生，这下你当场逮到我了，我有罪，你上星期警告过我，若是再带小狗出来而不给它戴口罩，你就罚我。”

“好说，好说。”警察回答的声调很柔和，“我晓得在没人的时候，谁都忍不住要带这样的小狗出来溜达。”

“的确忍不住，”卡耐基说道，“但这是违法的。”

“哦，你大概把事情看得太严重了。”警察说，“我们这样吧，你只要让它跑过小山，到我看不到的地方，事情就算了。”

卡耐基正是运用了“先行自责”法说服技巧，使警察觉得自己受到尊重，从而表现出宽容的态度。

心灵悟语 当一个人认为自己可能会被人指责时，不妨先数落自己一番，当对方发觉你已承认错误时，便不好意思再指责你了。说服别人最基本的要点之一，就是巧妙地诱导对方的心理或感情，以使其就范。如果说服的一方特别强调自己的优点，企图使自己占上风，对方反而会加强防范。所以，平时，我们应该注意先点破自己的缺点或错误，暂时使对方产生优越感，而且注意不要以一本正经的态度表达，才不会让对方乘虚而入。

幽默的力量

美国财政部长乔治·汉弗莱很喜欢谈他与艾森豪威尔总统会见的情景。那次会见艾森豪威尔给他留下了一个深刻的印象。

当秃头的汉弗莱走进总统的办公室时，总统和他亲切握手，并诙谐地说：“乔治，我注意到你梳头的方式完全和我一样！”

原来，艾森豪威尔也是个秃头。一句幽默的话语让汉弗莱倍感亲切。

心灵悟语 幽默能够帮助我们在社会交往中与人建立一种和谐关系。当我们希望成为能克服障碍、具有乐观态度、赢得别人喜爱和信任的人时，它就能帮助我们与他人进行沟通和交往，还能帮助我们处理一些问题，特别是人际关系问题，并顺利渡过难关，最终达到目标。

不战而屈人之兵

一个公司的推销员与一位商场经理商洽生意，进行了这样的沟通：

推销员："要取得利润，重要的是经营有方，您说对吗？"

经理："是的，我认为经营方法最重要！"

推销员："专家的建议是否也有助于获得利润？"

经理："当然，有些帮助。"

推销员："过去我们的建议对您有帮助吗？"

经理："自然有帮助，提到这点，还得好好感谢您呢。"

推销员："甭客气，让我们继续。考虑到目前的市场情况，技术改革是否也有利于商品销售呢？"

经理："应该说是有利的。"

推销员："如果我们进一步提高产品质量，改进包装，是否会更有利于市场销售？"

经理："是的。如今的顾客更多地注意包装。"

就这样，推销员让顾客认同了自己，从而引导顾客采购了自己的产品。

当然，这种方式适用于已经建立关系的老客户，对新客户就不一样了。

心灵悟语 在沟通过程中，让对方自己作出符合我方意愿的决定需要高明的口才技巧。这样一来，我们就能顺利实现预期目标，而不会浪费更多的时间和精力。所以，我们要善于根据具体情况，采取灵活多样的方式，诱导对方自己作出符合我方预期的决定，就能实现"不战而屈人之兵"的口才表达效果。

学会说"不"

房地产商开发了一块地理位置较好的房产，装修成写字楼准备招租。当时有两家实力雄厚的大公司对此表示出了浓厚的兴趣，两家公司都希望将公司迁到地理位置较好、内外装修比较豪华的地方，以树立企业形象，壮大自己的声势。

房地产商品委托律师思索一番后，先给A公司老总打电话说："经理先生，我的委托人经过考虑之后，决定不做这次租赁生意了，希望我们下次合作愉快。"

然后，他给B公司的老总也打了同样内容的电话。

当天下午，两家公司的老总就同时来到了房地产公司，一番讨价还价后，A和B两家公司愿意以原准备租用8层的价码分别租用了大厦的4层。

很显然，这样一来，房地产公司的净收入增加了一倍，而相应的律师报酬也就可想而知了。

心灵悟语 人们在沟通中并不能总是达成一致的意见和看法，在这种情况下，我们要学会在拒绝对方时不引起他们的反感，这就是口才表达中说"不"的技巧。知道何时说"不"，首先要有一个敢于说"不"的人，一个人会不会说"不"是另外一回事，但会说"不"的前提条件是他敢于这么说，而不是在该说"不"的时候大脑不知还在想些别的什么东西。所以，我们不但要敢说"不"，而且还要会说"不"，知道怎样拒绝对方。

在比较中获得主动权

战国时期，有一次齐宣王召见高士颜斶。齐王对颜斶说："颜斶你过来！"

颜斶却反过来对齐王说："王你过来！"

齐王很不高兴，这时左右的人指责颜斶说："齐王是国君，你是国君的臣下，你这样跟齐王说话成何体统？"

颜斶不慌不忙地说："我到国君面前去是趋炎附势，国君到我面前来是礼贤下士。与其让我趋炎附势，不如让齐王礼贤下士。"

齐王怒容满面，气势汹汹地质问："到底是国君高贵还是士高贵？"

颜斶说："士高贵，国王不高贵。从前秦国出兵攻打齐国，他们的军队路过士人柳下惠的墓地时，秦王发出一道命令说：‘有到柳下惠墓地五十步范围内打柴煮饭、割草喂马的，死无赦！’后来与齐国军队交战时，秦王又发出了一道命令：‘有能割下齐王脑袋的，封他万户侯，同时赏黄金万两！’从这两道军事命令就可以看出，一个活着的国君脑袋，还比不上死掉了的士人坟堆上的一根柴草！”

颜斶通过“趋炎附势”与“礼贤下士”、“士人坟头的柴草”与“活着的国君的脑袋”的对比，造成一种强烈的反差，论证了他的“士高贵、国王不高贵”的观点。几句话说得齐王张口结舌，无言以对。

心灵悟语 对比诡辩术就是将两个相对或相反的事物并举出来，造成一种强烈的反差，使真的、善的、美的，显得更真、更善、更美，使假的、恶的、丑的，显得更假、更恶、更丑的一种诡辩技巧。

以其人之道还治其人之身

清光绪元年，左宗棠受命督办新疆军务，率兵出关讨伐阿古柏，收复乌鲁木齐、和阗（今和田）等地，结果大军所到之处，入侵者望风而逃。

眼看大英帝国扶植的阿古柏政权摇摇欲坠，面临覆灭危险，英国公使威妥玛找到左宗棠，说道：“中华地大物博，以仁义立国，为什么容不下小小的阿古柏，非要斩尽杀绝，未免太不仁道了吧？”

左宗棠毫不示弱，反唇相讥道：“贵国信奉天主，到处建教堂，讲人道，何不在英伦三岛划出块土地，叫阿古柏立国活命呢？”

威妥玛当即面红耳赤，灰溜溜地走了。

心灵悟语 “以其人之道还治其人之身”通常是换位辩论的一种体现，当对方提出一个无理的要求时，自己通过巧妙的逻辑变换，把他的无理观点再转移到他自己的身上，这样对方的观点就会不攻自破。

以退为进的口才艺术

1984年，在美国竞选总统的电视辩论中，蒙代尔自恃年富力强，学识渊博，竭力攻击里根年龄大，不适宜担此重任。

里根如果以牙还牙、破口大骂，就会有失作为长者的沉稳持重、老谋深算的优势；如果逆来顺受、装聋作哑，那么在年轻气盛的蒙代尔面前，又会显得苍白无力，难有作为了。

于是，里根使用“以退为进”的诡辩术，面带微笑地回应说：“蒙代尔说我年龄大而精力不充沛，我想我是不会把对手年轻、不成熟这类问题在竞选中加以利用的。”

里根的诡辩，博得了全场的热烈掌声，他最后获得了绝大多数选票。

心灵悟语 里根使用故作否定诡辩术，表面上否定了自己，实际上在不动声色之中，以己之长，显彼之短，既显示了自己的足智多谋、宽宏大度，又抨击和映衬了对方的浅薄和狭隘，在观众面前树立了自己光辉的人格形象。由此可见，掌握以退为进的口才艺术，能够在很大程度上提升我们的讲话水平，有时还会收到出人意料的效果。

驾驭谈话的进程

在《三国演义》中，有一章“曹操煮酒论英雄”的故事，这是描写刘备机敏，在危急关头运用转换话题的艺术形式，岔开话题，化险为夷的事。作者是这样描述的：

一次，曹操与刘备饮酒。操以手指刘备，后自指，曰：“今天下英雄，惟使君与操耳！”

刘备闻言，吃了一惊，手中所持匙箸，不觉落于地下。时正值天雨将至，雷声大作。刘备乃从容俯首拾箸曰：“一震之威，乃至于此。”操笑曰：“丈夫亦畏雷乎？”刘备曰：“圣人迅雷风烈必变，安得不畏？”将闻言失箸缘故，轻轻掩饰过了。操遂不疑刘备。

刘备乃世之枭雄，实是曹操心腹之患，曹操总想找机会除掉刘备，因此在酒宴中用话试探刘备。

刘备深知其利害关系，于是他韬光养晦，在交谈中利用天气变化，移开话题，转移了曹操的注意力，因而免遭了一场杀身之祸，后来终于成就了一代霸业。

心灵悟语 其实，在很多场合下，都需要谈话者掌握转换话题的艺术，以控制谈话的方向。在现代人际交往中，成功的交谈需要谈话者能驾驭谈话的话题。一方面不要滔滔不绝，只顾自己的兴致，高谈别人已经生厌的话题，同时，也要将别人滔滔不绝的话题适当巧妙地加以转移，以转到正题或自己喜欢的话题上。这就需要在交谈中注意观察，当交谈者兴趣减弱，只是重复没有新意的内容时，就需要转移话题。

巧妙化解不满

迪摩特是最大毛料公司迪摩特公司的创办人，他讲述了这样一件事情：

一天早上，一位愤怒的顾客冲进了迪摩特先生的办公室。这位顾客欠了迪摩特公司15块钱，但他否认有这回事。因为迪摩特公司的财务信托部门坚持要他付清，他在收到几封催款信函后，来到迪摩特先生的办公室，说："我不但不付这笔钱，而且一辈子再也不花一毛钱购买迪摩特公司的东西。"

迪摩特先生耐心地听完他所有的话。其实，迪摩特很想打断这位顾客的话，但是他发觉那样做是不聪明的，因此就让他说个痛快。

当这位顾客冷静下来的时候，迪摩特静静地说："我要谢谢你到芝加哥来告诉我这件事。你帮了我一个大忙，因为如果我的财务信托部门打扰了你，他们就可能打扰了别的顾客，那就太不幸了。请放心，我会把这笔钱从账目上划掉，一笔勾销。"

这位顾客做梦也没有想到迪摩特会说出这种话。

后来，迪摩特先生给对方推荐了一些其他毛料公司。

结果那位客人回去后仔细检查了账单，发现自己确实少付了15元钱；接着他寄出了一张15元钱的支票和一封道歉信，并且下了一张比以前任何时候都大的订单。

心灵悟语 在人际交往过程中，如果我们不能有效化解各种不满，而是一味推卸责任、强词夺理，就会恶化彼此关系，使彼此面临各种困难。因此，掌握化解不满的技巧，可以使我们成为一个沟通大师，在处理人际关系时游刃有余。

机智应答

日本著名电影演员中野良子到上海进行艺术交流活动时，中国朋友十分关心这位35岁还未结婚的电影明星。

有人问她准备什么时候结婚，电影明星的婚姻问题是一个从新闻界到大街小巷都十分敏感的话题，弄不好会被传得面目全非。

然而，面对中国朋友热情关切的询问，出于礼貌，又不能以“无可奉告”来拒答。

中野良子满脸笑容而机敏地答道：“如果我结婚，我就到中国来度蜜月。”虽然答非所问，但是提问的人还是露出了满意的微笑。

中野良子回答得十分巧妙，她用的是一个假设句：“如果我结婚，就到中国来度蜜月。”

就对答而言，回答得十分爽朗，并不回避自己结婚的问题，但暗里却把“何时结婚”的问题转移到“在何地度蜜月”的问题上，既避开了她无意公开回答的结婚时间问题，又借未来结婚时度蜜月的地点，强烈地表达了她对中国人民的友好感情，使听者不好再追问下去，却又领受了她的一份友好之情。

心灵悟语　在日常生活中，我们要应对各种挑战，其中各种刁钻、古怪的问题就是常见的情形。人与人之间的信息沟通要通过语言来进行，所以在口才表达上掌握机智应答的技巧，是我们应对各种复杂局面、显露个人智慧的关键。

5. 大安若危

一次不一样的表演

有一次，美国总统里根在白宫举行的钢琴演奏会上讲话，第一夫人南希不小心连人带椅从台上跌落到台下的地毯上，不过她很快就灵活地爬起来，然后回到了自己的座位上。

观众一半是为她出了洋相，一半是为她麻利的动作而热烈鼓掌。但不管怎样，这个意外的插曲对于正在演讲的总统来说还是非常尴尬的，尤其对一个政客来说，出现这种滑稽的行为实在是一件很不体面的事情，甚至有损尊严。或许不少别有用心的记者会因这一滑稽的举动而兴奋不已，因为他们终于找到可以爆料的题材了。

此时，里根表现得沉着冷静，他先察看了一番，知道夫人并没有受伤，然后刻意俏皮地提高嗓音说道："亲爱的，我告诉过你，只有在我演讲得不好的时候，得不到热烈掌声的时候，你才该做这样的表演，可是你怎么这么早就做了呢，难道你是为我的演讲而担心吗？"

话音刚落，台下立即响起了热烈的掌声。

心灵悟语 世界上很多优秀的政治家都不约而同地具有幽默这一难能可贵的天赋，他们有的是军事家，有的是外交家……智慧的他们不仅不会因为一些尴尬情境而手足无措、神情沮丧，反而会迅速观察、捕获到情境上的幽默材料，以聪明机智扭转局势，使之向着有利于自己的方向发展。

凡事都应量力而行

王璐上大学一年级时，每月只有300元生活费，这本该够用了，可是她却时常感到拮据。有时，同学邀她参加聚会，她只好说“行”，即使第二天她的午饭没有了着落，也很难对对方说一个“不”字。相处一段时间后，王璐的室友邓丹发现了这个问题。邓丹明白王璐与人为善的本意，但却不希望她永远只做“老好人”。

一天邓丹拉着王璐请客，说是王璐受到了教授的表扬有她一份功劳，所以必须请客。实际上，此时的王璐只有50元了，还得维持到月底呢，可是她觉得自己“无法拒绝”！

王璐知道一家合适的小咖啡馆，在那儿可以一个人花10元钱吃顿午饭。那样的话，她就可以剩下30元钱用到月底了。

然而，邓丹选择了一家比较豪华的餐厅。王璐知道这个餐厅的消费一定不低，心里也很忐忑，不知道自己的钱够不够用，但她还是没有拒绝，硬着头皮跟着邓丹进了餐厅。

吃完饭，账单拿来了：50元整。王璐在盘里放了50元钱。

邓丹看了看钱，又看了看王璐。

“那是你全部的钱？”邓丹问。

“是的。”

“你全用来招待我吃一顿美味的午饭，真是太好了，但也太傻了。”

“啊，不。邓丹，你帮了我，这是应该的。”

“好吧，那我再问你一个问题，在所有的语言当中，你觉得哪个字最难念？”

“我不知道。”

“就是‘不’这个字。我们每个人在成长的过程中都得学会说‘不’，即使是对非常亲近的人。我早就知道你没有足够的钱上这家餐馆，来这里，我是希望你能领会一个道理，凡事一定要量力而行，千万不要做超过自己能力范围的事情，因为那样只能让自己受罪。”

说罢，邓丹掏出50元钱塞到王璐手中会心一笑。

王璐听了邓丹的话，恍然大悟，认真地点了点头，并在心中肯定了对面这个朋友对自己的关心。

心灵悟语 每个人都时时希望自己有面子、得到他人的赞赏，但假如自己能力不够，为面子逞强去做某些事，这样不仅不会成功，反而会延误正确做事的时机，带来严重损失。所以，我们做事的时候一定要量力而行，这才是明智之举。

学会灵活变通

一次，圣地亚哥的艾尔·柯齐酒店准备增加电梯，以便应对客流高峰。

很快，酒店邀请到了工程师、建筑师来商量对策。大家经过周密的分析判断，决定在每层楼打一个大洞，然后在地下室多装一个马达。

但是这样一来，会使酒店里到处尘土飞扬，严重干扰了客人，会使酒店的声誉和服务受到严重影响。

酒店经理和专家在楼道里商讨对策时，恰巧被一位正在扫地的清洁工听到。他走过来对经理说：“每层都钻洞会使酒店变得乱七八糟，而尘土清扫起来又是很麻烦的。”

工程师无奈地说：“那怎么办，难道把酒店关闭一段时间吗？”

酒店经理着急了：“关不得，这样一来顾客会认为我们倒闭了，会严重影响酒店的生意。还是一边动工，一边继续营业吧。”

清洁工忽然大声说：“如果是我，会有一种简便的方法安装电梯，能省去不少麻烦。”

工程师和酒店经理疑惑地看着他，表现出了轻视和怀疑。

清洁工又大声说道：“我会把它装在酒店外头。”

工程师与酒店经理，不禁为这个绝妙的点子拍手叫好。而这就是近代建筑史上的室外电梯，它兴起了一个安装“观光电梯”的新潮流。

心灵悟语 周围的世界始终处于不断变化的状态中，所以做事的时候最忌讳僵化的思维，如果总是按照以往的经验处理问题，忽略眼前事物的不同之处，就难以取得圆满的结果。我们需要明确，有时将自己的思考模式或方向巧妙地转个弯，往往可以收到意想不到的效果。

居安思危的智慧

春秋时期，吴王准备攻打楚国。许多大臣劝他再忍耐一下，因为现在的时机还不成熟，但是吴王已经决心一战，吓得众人不敢再做声。

有一天早晨，一个青年侍卫官来到吴王的花园，手里拿着一把弹弓，在树底下转来转去。

此后几天，他天天这样做，结果引起了大家的猜疑，后来吴王也知道了这件事。好奇的吴王把这位青年侍卫官叫过来，问他整天在花园里做什么。

侍卫官带着吴王来到花园，然后说："大王请往树上看，有一只蝉只顾着一边吸露水，一边不停地鸣叫，根本没有警惕到一只螳螂躲在它的身后。"

吴王看了看，点着头说："是啊，螳螂弯着前肢，正想捕捉它呢！"

青年接着说："大王您再看，螳螂一心想捕蝉，但是没有注意到身后还有一只黄雀呢，它正伸长脖子，想啄螳螂呢。"

吴王越看越有意思，就饶有兴致地问："这又说明什么呢？"

青年侍卫把手里的弹弓搭上泥丸，然后对准黄雀，对吴王说："大王请看，蝉、螳螂、黄雀都只看到自己眼前的利益，而没有警惕到自己身后的危险！"

吴王看到这种情形，马上意识到自己攻打楚国的仓促决定是不恰当的。

心灵悟语 老子说过："成功了不要自高自大，不要夸耀，更不要骄傲，居安思危才能长治久安。"当你在面临重重困难的时候，往往会有很强烈的危机意识，而一旦进入良好发展状态，就容易丧失发展目标，逐渐走向危险的边缘。所以，我们在做事情以前，要对各种可能的危险有明确的判断，做到居安思危。

认清局势，转危为安

一个名叫彭妮的女孩子在家乡的小镇上开了一家杂货店，她牢记父亲的告诫——你怎么对待别人，别人就怎么对待你，并以此作为处理商业往来的基本准则。

经过一年多的出色经营，彭妮的商店生意红火，有时候她要到子夜时分才能打烊。

这时，有人告诉她，镇上一家矿业公司控制的商店可能会对她构成威胁。因为这家商店处于垄断地位，而且它的大多数业务都是以赊销或公司发给代金券的方式成交，形成了庞大的交易量。但是彭妮对自己的商店充满信心，她信奉提供质量上乘的商品就能赢得客人，而且顾客愿意掏出现金把东西买回家去，这有什么不对吗？

就这样，彭妮的商店没有采取任何革新措施，商店里没有新奇的装修吸引顾客，所有的商品都摆放在柜台上，商品的单价始终保持不变。问题终于出现了，彭妮遭到了退货，一些顾客对她的商品和服务表示了不满。

意识到问题的严重性以后，彭妮开始学习别人的经验。

后来，彭妮的商店不断改进，生意又日渐兴隆；并且，她并不满足只开一家商店，随着服务质量的提升，商店数量也迅速增加，形成了一个庞大的销售集团。正是以开放的心态接受别人的经验，彭妮才使自己的事业发展壮大起来，获得了巨大成功。

心灵悟语　彭妮的成功就在于她能够认清局势，及时采取了最有效的解救方案，使自己的生意转危为安。由此可见，一个人如果墨守成规、固步自封，不能以开放的视野做事，只能成为坐井观天的青蛙。“心态开放才能成功无止境”，这是21世纪的时代要求。

智慧的少女与伪善的债主

一位商人欠了一位放高利贷的债主一笔巨款。

那个又老又丑的债主看上了商人美若天仙的女儿，居然要求商人用女儿来抵债。商人和女儿听到这个建议后都很惊慌。

狡猾伪善的债主故作仁慈，建议这件事情听从上天的安排。

他对商人说："我将在空袋子里放入一颗黑石子和一颗白石子，然后让你的女儿伸手摸出其一，如果她摸中的是黑石子，就要成为我的妻子，你的债务也就不用还了；如果她摸中的是白石子，她不但可以回到你的身边且债务也一笔勾销。但是，假如她不伸手去摸，你就等着进监狱吧！"

虽然不情愿，但商人的女儿还是答应要试一试。

当时，他们正走在花园中铺满石子的小径上。协商之后，债主随即弯腰拾起两颗石子，放入袋中。少女敏锐地察觉到：两颗石子竟然全是黑的！

但是，机敏的女孩并没有声张，而是一言不发、冷静地把手伸入袋中，眼睛漫不经心似的看着别处，摸出一颗石子。突然，女孩手一松，石子便滚落到了路上的石子堆里，分辨不出是哪一颗了。

女孩说道："哎呀！看我笨手笨脚的。不过，没关系，现在只需要看看袋子里剩下的这颗石子是什么颜色，就可以知道我刚才摸到的那一颗是黑是白了。"

当然，袋子里剩下的一定是黑的。恶债主既不能承认自己的诡诈，也不能毁掉自己的信誉，于是就只好承认女孩摸中的是白石子了。

聪明的女孩不但解救了自己，还为父亲还清了债务。

心灵悟语 如果每个人都能像故事中的女孩一样，以冷静的心态，看见异常状况时，能够隐藏自己的情绪，随机应变，把危机变成有利的事情，那才是一个真正的智者。

6. 难得糊涂

过 桥

一个盲人、一个聋人和两个耳聪目明的健全人来到桥头，准备打此经过。

这是一座只有几根光秃秃的铁索横亘在悬崖峭壁两边的桥，从桥上向下看去，万丈深渊，形势险恶，涧底奔腾着湍急的水流，不禁让人两腿打战。

四个人起初个个自信满满，都拍着自己的胸脯说：这个绝对没有问题，我们一定能顺利过桥。

于是，四个人便一个接一个地抓住铁索，凌空而进。

可是，四个人并没有全部通过这座险桥——盲人、聋人过了桥，一个耳聪目明的人也过了桥，而另一个耳聪目明的人则从桥上跌了下去，丧了命。

难道耳聪目明的人还不如盲人、聋人吗？他的弱点恰恰源于耳聪目明。

盲人说："我的眼睛看不见，不知山有多高桥有多险，于是心平气和地攀索。"

聋人说："我的耳朵听不见，不闻脚下咆哮怒吼，恐惧相对减少很多，于是也心平气和地攀索。"

那么那位耳聪目明的人是怎么过去的呢？他的理论是：我过我的桥，当我看到险峰时，我会观测好哪根绳索好走，哪根绳索不好走，用眼睛看清楚并抓牢两边的绳索，然后一步一步落脚稳固地就过来了。

心灵悟语 有时候，就是因为我们活得太明白了，所以很多事情才不能顺利完成，往往睁一只眼闭一只眼糊涂地活着，反而会顺利地完成任务。生活中，我们总是觉得自己就像迷失在了一个深渊，不能自救，想想就是因为我们活得太明白了，什么事情都看得见，于是什么事情都在乎，最后把自己弄得心力交瘁，疲惫不堪。

糊涂处事并非要不得

宋太宗是一个气度恢弘的人，他能够容忍大臣的一些过失，所以实现了有效的国家治理。

孔守正被封为殿前虞侯，有一次，他和大臣王荣陪皇上喝酒。两个人喝得大醉，就当着宋太宗的面争论秋季守卫边境的功劳，结果完全失去了君臣的礼仪。

在当时，这种行为是“大不敬罪”，按照律法应该交给有关部门治罪，但是宋太宗没有这么做。

第二天，孔守正和王荣清醒过来，听别人说起自己在皇帝面前的失礼行为，吓得出了一身冷汗。

于是，两个人一起到金銮殿上向宋太宗请罪，宋太宗却若无其事地说：“我当时也喝多了，有许多事情根本记不起来了，你们不用在这里打扰我了。”就这样，宋太宗糊里糊涂地化解了一场不必要的矛盾。

领导在下属面前是要讲究威严的，特别是对皇帝来说，大臣的一点小毛病或冒犯都会招来罪过，更不要说在酒宴上胡作非为了。

宋太宗故意装糊涂，免除了下属的过失，不但使对方心怀感激，更显示了为人处世、统御下属的高超本领。

心灵悟语 糊涂处事不是撒谎耍赖，我们的真正目的是顺应事物发展规律，作出切合实际的判断，实际上是一种大智慧和大聪明。其实在生活中，有许多事不能太认真、太较劲，特别是涉及人际关系的时候，面对错综复杂、盘根错节的利害冲突，如果不懂得装糊涂，而是一味较真，往往会使自己身陷泥潭，搞不好就会伤筋动骨。

小事糊涂，大事明了

一次，楚庄王宴请将领的时候，派宠幸的妃子给大家敬酒。

忽然，一阵大风吹来，熄灭了蜡烛。黑暗中，有人乘机轻薄妃子。

机警的妃子顺势折断了那位将领的盔缨，然后请求楚庄王给自己做主。但是，楚庄王没有立即让侍从点燃蜡烛，而是命令所有的将领都把盔缨折断，从而保全了那位将领的尊严和性命。

多年以后，楚庄王在一次战斗中陷入敌人的包围，最后一位部下冒死杀出重围，才使楚庄王转危为安，而这个人正是当年轻薄妃子的大将。

在那个特定年代，楚庄王意识到军队是打天下、守江山的依靠，所以没有惩罚轻薄妃子的将领，这是识大体；自己的爱妃遭部下羞辱，颜面和威信都会受到损害，但比起前者又微不足道，这是不拘小节。

正是有了“小事糊涂，大事清楚”的决策素养，楚庄王才成为“春秋五霸”之一。

心灵悟语 做事的时候，明确目标是很重要的，明确是非标准也很关键。但是，牵扯到人的因素，问题就复杂起来，需要讲求策略才能把事情处理得圆满。人生一世，草木一秋。当一些东西不能明言的时候，我们不应对什么事都斤斤计较，该糊涂时糊涂，该聪明时聪明。把大事、小事区分开，大事清楚些，小事糊涂些，就能进入“删繁就简”的生活轨道。这样一来，才能不斤斤计较一时的得失，才能拥有成就大事的气魄和胸襟。

善于藏巧于拙，大智大勇

李勣原来是李密的部下，被王世充打败以后，他跟随故主投靠了李渊父子。中途归顺的人，赢得新主人的绝对信任异常重要。

为此，李勣处处展示自己的“忠诚”品格，收到了神奇效果。

投靠李渊的时候，李勣把所据郡县地理人口图派人送到关中，当着李渊的面献给李密，然后由主人（李密）献上去，突显自己“尽忠故主”的品格。

后来，李密反唐，事情败露后被杀。李勣本该这时候“避嫌”，但他公然上书，请求收葬李密。这一“拙行”恰恰增添了李勣的“高风亮节”。一时间，他被称为仁至义尽的君子。

此后，李勣得到朝廷推重，恩及三世。

心灵悟语 一个人善于用“笨拙”的方式表现真诚的态度、替代机巧的做事手段，其实是一种大智慧。因为做人做事，只有善于藏巧于拙，才能走得更远。

人至察则无徒

春秋时期，齐国有一位智者，名叫隰斯弥。当时大夫田成子当权，颇有窃国之志。

有一次，田成子邀隰斯弥谈话，两人登上高台浏览周围的景色。只见东、西、北三面平野广阔，一览无余，只有南面被隰斯弥家的树林挡住了视线。

回到家里，隰斯弥立即带着家仆去砍伐树林。

然而，砍了几棵又停下来，马上返回家里。家人莫名其妙，询问其中的缘由。隰斯弥说：“我从田成子的表情看得出，他很厌恶咱家的树林挡住了视线，所以我想把树砍掉。可是转念一想，当时田成子没有表示不满，还想笼络我。如果砍了树，表明我能知人所不言，那祸害就不远了！”

隰斯弥知微察著的本事的确很大，但是他“审察有度”的智慧更高。如果不是早点警醒，跟田成子装糊涂，恐怕后来就大祸临头了。

心灵悟语 为人处世如果过于泾渭分明，不懂得糊涂之道，就会失去生存空间，破坏和谐的秩序。所以，我们在做人做事时，要懂得“审察有度”，就是要给他人、给自己模糊空间，彼此的利害关系、利益诉求不能过于明朗，保持一定距离才安全。

懂得隐晦表达

宋太祖赵匡胤即位以后，手握重兵的两个节度使起兵反对朝廷，后来经过艰苦的斗争才平定下来。这件事给宋太祖很大警示，他找到宰相赵普商量对策，决定削弱地方的兵权。

过了几天，宋太祖在宫里举行宴会，石守信、王审琦等几位老将都来了。酒过三巡，大家开始无话不谈。

宋太祖说：“没有大家的帮助，我不会有今天的地位。但是你们可能想象不到，做皇帝也有许多苦衷啊，有时候还不如你们自在。说实话，我好久没有睡过安稳觉了。”

大家听了知道里面隐含着内情，就问其中的缘由。

宋太祖仍旧不露声色：“人们都说高处不胜寒，我站在很高的位置上已经感觉到寒意了。”

石守信等人知道宋太祖担心有人篡夺他的皇位，非常害怕，于是站起来跪在地上：“现在天下已经安定了，没有人对陛下三心二意啊！”

宋太祖摇摇头说：“你们和我南征北战，我自然信得过。但是如果你们的部下为了攫取高位，把黄袍披在你们身上，会出现什么情况呢？”

石守信等人听到这里意识到大祸临头，连忙害怕地求饶：“我们愚蠢，没有过多考虑，请陛下给指条明路吧。”

接着，宋太祖让他们做地方官，添置足够的房产安度晚年，最终削除了他们的兵权。

宋太祖没有采取军事行动削除将帅手中的权力，而是在酒宴上与大家沟通，通过隐晦的方式表达出自己的意图，使大家知难而退，达到了预期的目的。这就是隐晦表达、难得糊涂的处世技巧。

心灵悟语 有时说话办事过于直白会让对方感觉到突兀，强化彼此的利害冲突，出现关系紧张的局面，难以收场。如果能学会隐晦表达，就可以给对方留有回旋的余地，在人际交往中实现良好互动，有利于把事情办好。在指责他人的过失时，不要把心里的想法完全表达出来，应该采取灵活的方式把自己的信息透露给对方，这样才能收到良好的效果。

第四章

健康心态
——知性女生的“阳光语录”

1. 积极乐观

最佳女主角

一个小女孩出生时是一个正常的孩子，但在出生18个月后，被一次高烧夺去了听力和说话的能力。

虽然经历了不幸，但她从小就喜欢表演，对生活充满了无限的热情。

8岁时，她加入伊利诺伊州的聋哑儿童剧院，9岁时就在《盎司魔术师》中扮演多萝西。

16岁那年，由于残疾，被迫离开了儿童剧院。

幸运的是，她还能时常被邀请用手语表演一些聋哑角色。正是这些表演改变了她的人生，也让她看到了自己存在的价值，克服了自卑的心理。她珍惜每一次演出，不断锻炼自己，提高自己的演技。

1985年，19岁的她在一场舞台剧《上帝的孩子》的演出中饰演的是一个次要角色。可就是这次演出，使她走上了银幕。

后来，女导演兰达·海恩丝决定将《上帝的孩子》拍成电影。可是为寻找女主角萨拉的扮演者，兰达·海恩丝煞费苦心。

兰达·海恩丝用了半年时间陆续在英国、美国、瑞典和加拿大寻找，但都没有找到中意的演员。于是，她又回到了美国，再次观看舞台剧《上帝的孩子》的录像。兰达·海恩丝意外地发现了这个聋哑女孩高超的演技，决定立即起用她担任影片的女主角，饰演萨拉。

她饰演的萨拉，在全片中没有一句台词，只是通过极具特色的眼神、表情和动作，揭示主人公孤独和多情、自卑和不屈、消沉和奋斗、喜悦和沮丧的内心世界。

她非常珍惜这次机会，认真对待每一个镜头，用自己的心去感悟、去拍摄。她表演得惟妙惟肖，让人拍案叫绝。

从那以后，她用自己的勤奋、严谨实现了人生的飞跃。

1987年3月30日晚上，人们渴望已久的第59届奥斯卡金像奖的颁奖仪式正在举行。洛杉矶音乐中心的钱德勒大厅内灯光闪耀，座无虚席，在热情洋溢、激动人心的气氛中，高潮出现了——在一片掌声和欢呼声中，她步履轻盈地走上领奖台，凭借在《上帝的孩子》中出色的表演，获得了最佳女主角奖。

她就是美国电影史上第一个聋哑影后——玛莉·马特琳。在她用颤抖的双手接过金像奖杯的那一刻，她非常激动，仿佛有很多很多话要说，但是人们并没有看到她的嘴动。她把手举了起来，但这姿势并不是向人们挥手致意，她是在向观众打手语，大家都心领神会，她在用心感谢每一个给过她帮助的人。

心灵悟语 玛莉·马特琳这个聋哑女孩，正是因为在苦难面前不堕落，不退缩，才得以真正地体会到成功的喜悦和人生的真谛。正如玛莉自己所说的那样，她的成功，对每个人，不管是正常人还是残疾人，都是一种激励。

我们要乐于接受必然发生的情况，接受所发生的事实，这是克服随之而来的任何不幸的第一步。唯有学习坦然面对失败和痛苦才能拥有真正的幸福，让生命中不可避免的困境、失败、障碍、疾病与痛苦都转变成创造成功、奇迹与完美的力量。因为苦难是通往成功旅途上的屡次跌倒，苦难也是无数成功者背后的一道道美丽的彩虹。

改变心境

从前，有个可怜的女孩，10岁时母亲因病去世，由于父亲是个长途汽车司机，经常不在家，也无法提供女孩正常的生活所需，因此，女孩自从母亲过世后，就必须学会自己洗衣、做饭，并照顾自己。

然而，老天爷并没有特别关照她，在她17岁时，父亲在工作中不幸因车祸丧生，从此女孩再也没有亲人了，也没有人能够依靠了。

只是，噩梦还没有结束，在女孩走出悲伤，开始独立养活自己时，却在一次工程事故中，失去了左腿。

不过，这一连串的意外与不幸，反而让女孩养成了坚强的性格，她独自面对随之而来的生活不便，也学会了使用拐杖，即使不小心跌倒，她也不愿请求别人伸手帮忙。

最后，她将所有的积累算了算，正好足够开个养殖场，但老天爷似乎存心与她过不去，一场突如其来的大水，将她最后的希望也夺走了。

女孩终于忍无可忍了，气愤地来到神殿前，怒气冲冲地责问上帝："你为什么对我这样不公平？"

上帝听到责骂，现身后满脸平静地反问："喔，哪里不公平呢？"

女孩将她的不幸一五一十地说给上帝听。

上帝听了女孩的遭遇后说："原来是这样，你的确很凄惨，那么，你干吗还要活下去呢？"

女孩听到上帝这么嘲笑她，气得颤抖着说："我必须要活下去，而且要好好地活下去，因为我经历了这么多不幸的事，已经没有什么能让我感到害怕，总有一天我会靠我自己的力量，创造自己的幸福。"

上帝这时转身朝向另一个方向，温和地说："你看，这个人生前比你幸运得多，他可以说是一路顺风地走到了生命的终点，不过，他最后一次的遭遇却和你一样，在那场洪水里，他失去了所有的财富，不同的是，他之后便绝望地选择了自杀，而你却坚强地活了下来。"

女孩听了上帝的话，终于明白了。她感慨道："或许，从我们出生哭出生命中的第一声时起，我们就开始感受到，人生必定充满了泪水与艰辛，但是，也唯有这些艰难，才能突显出生命的可贵与不平凡，让我们在撒手人寰的时候笑着离开。"

心灵悟语　正所谓：性格决定命运，乐观的人会在逆境中找到快乐，悲观的人看不到生活中的希望，有什么样的思维方式就会有什么样的人生。其实，许多人的命运都像这个女孩一样，经历了种种痛苦与磨难，最后的结果会有所不同，因为每个人承担磨难的心境不同，唯有经过磨炼的生命，才能累积出坚强的生命力，也唯有历经风风雨雨的人，才知道生命的难得与珍贵。

最快乐的人

有一个富商，生意做得很红火，每日操心、算计，多有烦恼。

紧挨着他家住着一户穷苦人家，夫妻俩以做豆腐为生，虽说清贫辛苦，却有说有笑。

富商的太太见人家其乐融融，心生嫉妒，对富商说："唉！别看咱家里有金有银，可我觉得咱们还不如隔壁卖豆腐的穷夫妻。他们虽说穷，可他们的快乐值千金呀！"

富商说："那有什么！我叫他们明天就笑不出来。"

说罢，他一抬手将一锭金元宝从墙头扔了过去。

次日清晨那对穷夫妻发现了地上那块来历不明的金元宝，心情大变。他们商量来，商量去，都说发财了，不想再磨豆腐了。那么，用这些钱干点什么呢？他们又担心一日暴富，被左邻右舍疑为偷窃了钱财。

如此这般，三天三夜，他们茶饭不思，寝席不宁，自此再也听不到他们的笑声了。

心灵悟语　从这个小故事中可以看出一个道理：有些时候，剥夺人生快乐的，与其说是刀兵相见，不如说是欲望圈套；耗尽我们生命的，与其说是重大的悲剧，不如说是琐碎的诱惑。人生一世，把我们弄得心灰意冷、精疲力竭的，有时并不是明火执仗的敌人，而往往是被名缰利索死死纠缠的我们自己。

快乐是需要分享的

安妮是一位富有的钢铁生产商的女儿，她拥有这个世界上她想要的每样东西——金钱、衣物、各种奢侈品等等。

第一次世界大战爆发时，她却要去法国。当然，她的父亲认为她不应该去。最后，她说服了父亲，虽然父亲的让步是不情愿的。

那时的安妮已经是一位小有成就的音乐家了，她带着自己的小提琴，随同伙伴一起来到了欧洲。

到欧洲之后，她在约瑟夫·迪斯科曼将军领导下的第三区工作。她来的主要目的是为他人带来欢乐，她相信她有这个能力和天赋。于是，她每天打扫食堂，做满满几桶热可可奶，刷盘子，照顾伤员。而在这之前，她没有洗过一只盘子。

军营中，随处都可以看到安妮的身影，她用自己的小提琴为大家演奏美妙的乐曲，那些小伙子随着她的曲子欢快地歌唱，他们是多么喜欢安妮。将军也感激她能通过这种方式尽力为战士们提供精神食粮。

她在这里坚持了很长时间，青年会领导安排她去巴黎工作，她却坚持在这里多待一段时间，继续与大家分享快乐。在欧洲的日子里，安妮始终不愿留在后方，她一直跟着战士们，走到哪里就把欢乐带到哪里。

迪斯科曼将军对这个小姑娘贡献备感钦佩，同时也觉得疑惑：“安妮，你为什么能舍下家庭来前线干又脏又累的活呢？”

安妮的回答只是简简单单的一句话：“快乐是需要分享的！”

心灵悟语　快乐是具有感染力的，你给他人带来的快乐越多，自己也就越快乐。生命中的快乐往往不是来自财富的积累，而是来自帮助他人获得快乐之后所得到的精神上的满足。

不要与环境赌气

北欧一座教堂里，有一尊耶稣被钉在十字架上的塑像，大小和一般人差不多。因为有求必应，因此专程前来这里祈祷、膜拜的人特别多，几乎可以用门庭若市来形容。

教堂里有位看门人，看到十字架上的耶稣每天要应付这么多人的祈求，觉得于心不忍，他希望能分担耶稣的辛苦。

有一天，他祈祷时便向耶稣表明这份心意。意外地，他听到一个声音说："好啊！我下来为你看门，你上来钉在十字架上。但是，不论你看到什么、听到什么，都不可以说一句话。"这位先生觉得这个要求很简单。于是耶稣下来，看门的先生上去，像耶稣被钉在十字架般伸张双臂。这位先生也依照先前的约定，静默不语，聆听信友的心声。

来往的人络绎不绝，他们的祈求，有合理的，有不合理的，千奇百怪不一而足。但无论如何，他都强忍着没有说话，因为他必须信守先前的承诺。

有一天，来了一位富商，富商祈祷完后，竟然忘记手边的袋子离去了。他看在眼里，真想叫富商回来，但是，他憋着不能说。接着来了一位穷人，他祈求耶稣能帮助他渡过生活的难关。

穷人要离去时，发现了先前那位富商留下的袋子，打开一看里面全是钱。穷人高兴得不得了："耶稣真好，有求必应。"然后万分感谢地离去了。十字架上伪装的耶稣看在眼里，想告诉他"这不是你的"，但是约定在先，他仍然憋着不能说。

接下来有一位要出海远行的年轻人来了，他是来祈求耶稣保佑他平安的。正当要离去时，富商冲进来，抓住年轻人的衣襟，要年轻人还钱，年轻人不明究竟，两人吵了起来。

这个时候，十字架上的假耶稣终于忍不住，开口说话了。既然事情弄清楚了，富商便去找捡了他钱的穷人，而年轻人则匆匆离去，生怕搭不上船。

真的耶稣出现了，指着十字架上的看门人说："你下来吧！你没有资格在那个位置了。"

看门人说："我把真相说出来，主持公道，难道不对吗？"

耶稣说："你懂得什么？那位富商并不缺钱，他那袋钱不过是用来嫖妓的，可是对那穷人，却足可以解决一家大小的生计；最可怜的是那位年轻人，如果富商一直缠下去，延误了他出海的时间，他还能保住一条命，而现在，他所搭乘的船正沉入海中。"

心灵悟语 这是一个听起来像笑话的故事，却透露出一个哲理：在现实生活中，我们常认为自己的想法才是最好的，但往往事与愿违。

韩国现代集团创始人郑周永说："成功的唯一途径就是认清自己的缺点，然后努力去克服它。"其实，环境本身并不能使我们快乐或不快乐，我们对周遭环境的反应才能决定我们的感受。必要的时候，我们都能忍受住灾难和悲剧，甚至战胜它们。我们也许以为自己办不到，但我们内在的力量却大得惊人，只要肯加以利用，就能帮助我们克服一切困难。所以，我们必须相信：目前我们所拥有的，不论顺境、逆境，都是对我们最好的安排。只有如此，我们才能在顺境中感恩，在逆境中依旧心存感激。适应既成事实，然后重新面对生活积极进取，是我们应该培养的一种能力。

学会转化压力

约翰在美国威斯康星州经营一座农场，当他因为中风而全身瘫痪时，他就是靠着这座农场维持生活。

那时，约翰的亲戚们都觉得他已经没有希望了，这一生都将无法康复了。所以他们就决定把他搬到床上，并让他一直躺在那里。虽然约翰的身体不能动，但是他还能不时地思考。忽然间，有一个念头闪过他的脑海，而这个念头注定要弥补他不幸遭遇的缺憾。

他把他的亲戚全都召集过来，并要他们在他的农场里种植谷物。这些谷物将被用做一批猪的饲料，而这批猪将会被屠宰，并被用来制作香肠。

短短数年，约翰的香肠就被陈列在全国各商店中出售，这让约翰和他的亲戚们都成了拥有巨额财富的富翁。出现如此美好结果的原因，就在于约翰的不幸迫使他执行了之前所忽略的构想。

他定下了一个明确目标，并且制订了达到此目标的计划。他和他的亲戚们组成工作团队，并且以十足的信心，共同实现了这个目标。别忘了，这个计划是在约翰中风之后才出现的。

心灵悟语 事情常常如此，人们在某种压力的驱使下，能使自己的体力和耐力达到正常情况下决不会出现的程度。一个神经错乱的人，当他发狂时，为什么会有正常情况下所不可能有的体力呢？就是因为人的身体具有潜在的能量。当你遇到不幸的打击时，压力可能会使你发现你身上具备的能力，这时它可以转化为成就大事的因素，不幸的压力也可以转化为成功的动力。

善待自己，笑对人生

琳达从小和奶奶生活在阿肯色州，在那里他们依靠一家小店维持生计。由于接触的人很多，琳达每天都会遇到各种各样的人。

有一天，一个邻居走进来买东西。

奶奶走过去问道："今天怎么样啊，托马斯老弟？"

只见那人长叹一声，然后忧郁地说："哎，不怎么样。今天糟糕透顶，你看这天气，热死了，我讨厌它。"

买完东西后，那人一边往外走，一边唠叨不停。

接着，又有一个牢骚满腹的人走进来，只听他不停地抱怨："整天在农场里劳动，我都快疯掉了。犁地这活儿让我烦透了，你看这尘土飞扬的情况真让人泄气，那些旧农具还经常出问题，真让人恼火！"

奶奶在一边应和着，直到他们都走了，才把琳达叫到跟前："孩子，你都看到了吧，他们对自己的生活充满了抱怨，没有善待自己的工作和生活。这样的人怎么能获得快乐呢？"

琳达点点头。奶奶接着说："你知道吗，每天晚上都有一些人酣然入眠，但是他们一躺下去就再也没有醒过来。整天对生活充满了抱怨的人，根本不懂得好好对待自己。尽管生活充满了不如意，但是他们没有学会安慰自己，让自己得到休息和放松，还用劲火上浇油，这真是一种悲哀。”

心灵悟语 太阳底下没有新鲜事，生活本来就是平淡无奇的。这需要我们积极乐观地生活，给自己制造快乐，当自己面对困难和挫折时学会善待自我。如果整天充满抱怨，给自己制造麻烦，就会扰乱我们的心性，降低生活质量。所以，当我们陷入对名利的追逐而身心疲惫时，要学会善待自己、懂得自爱，享受人生的快乐。

扫除心头的阴霾

这一天，小和尚独坐寺内，闷闷不语。

师父看出了其中的玄机，也不语，微笑着领着弟子走出寺门。

门外，是一片大好的春光。

师父依旧不语，怀抱春光，打坐于万顷温暖的柔波里。

放眼望去，天地之间弥漫着清新：半绿的草芽、斜飞的小鸟、欢快的小溪。小和尚深深地吸了口气，偷窥师父，师父正安祥地打坐在山坡上。

小和尚有些纳闷，不知师父葫芦里到底卖的什么药。

过了晌午，师父才站起来，还是不说一句话，不打一个手势，领着弟子往寺里走。

刚到寺门，师父突然跨前一步，轻掩上两扇木门，把小和尚关在寺门外。

小和尚不明白师父的意思，径自坐在门前，半天纳闷不已。

很快，天色暗了下来，雾气笼罩了四周的山冈，树林、小溪、鸟语、水声也渐渐变得不明朗起来。

这时，师父在寺内朗声叫他的名字，进去后，师父问：“外边怎么样了呢？”

小和尚答：“全黑了。”

“还有什么吗？”师父问道。

“什么也没了。”小和尚又回答说。

“不，外边还有清风、绿草、花、小溪，一切都还在。”

小和尚这才恍然大悟，明白了师父的苦心，这些天笼罩在心头的阴霾一扫而空。

心灵悟语 人生往往如此，有时候活得很黯淡，并不是因为你的生活中没有春光，而是黯淡的心境早已把所有朝向春光的窗户悄然关上了。此时，你应该做的是，走出门去，拥抱阳光，呼吸大自然的清新空气，将心头的阴霾扫除，这样，你就会拥有阳光的心情。

2. 不以己悲

战胜自己最重要

李佳凝过几天就要参加高考了，虽然她的学习成绩很好，考上重点大学应该没问题。可是，她真的好紧张，毕竟学了这么多年，为的就是这次考试——这次关乎今后命运的转折性考试。

李佳凝每天都在想着高考，有时晚上做梦甚至还梦到做数学题。在考试前两天她做了三个奇怪的梦：第一个梦梦到从没去过农村的自己在墙头上种白菜；第二个梦梦到自己站在一条很宽的江边要渡江，可渡船却在江中央；第三个梦的场景是下雨天，她走在雨中，身上披了雨衣手里还举着伞。

李佳凝醒后，觉得这三个和自己生活场景毫无关联的梦似乎另有深意，第二天赶紧怀着忐忑不安的心情去找街边算命的先生解梦。

算命的先生一听，连连拍着大腿叹气道：“唉，我看你这高考要悬啊！你想想，墙头上能种菜吗？你在高墙上种菜这不是白费劲吗？雨天披雨衣防雨就足够了，你却还打着一把雨伞，这不是多此一举吗？要过江，船却在江中央，这不是过不去了吗？”

李佳凝一听，本来紧张的她更加心灰意冷了，垂头丧气地回到家，闷闷不乐地发呆。

母亲见状觉得非常奇怪，问：“明天就要考试了，是不是有点紧张啊？”

李佳凝烦恼得很，把自己的梦和算命先生的解释如此这般说了一遍。

母亲听罢，微微一笑说："哟，你不知道我也会解梦吗？我倒觉得你这次一定能考上。你想想，墙头上种菜不是高中（种）吗？披雨衣打伞不是说明你这次考试有备无患吗？要过江，船却在江中央，这不是说明你还有过江的希望吗？孩子，要记住，战胜自己最重要，虽然做到这一点不容易，但只要你有决心，就一定能够做到。"

李佳凝一听，觉得妈妈说得更有道理，于是精神振奋地参加了考试。

结果，李佳凝以全校第一的成绩考上了她梦寐以求的大学。

心灵悟语 其实，每件事都有两面性，乐观的人看到的是希望，悲观的人看到的是绝望。而事情向着哪个方向发展，也取决于你的心态和做法。故事中的李佳凝不是缺少实力，而是缺少自信，缺少对高考的信心。其实母亲说得对，战胜自己最重要，做到这一点的勇气也只能是自己给自己。

可爱的青蛙小美女

有一个聪明的女孩，她在高中入学的第一次自我介绍时说："我叫女孩，绰号嘛，我想大家都看得出来，腿短短的，嘴巴大大的，腮帮子鼓鼓的，大家注意看呦，我的眼睛也是鼓鼓的呢，所以，从小我的绰号就是——青蛙，不过，后来我又把这个绰号加工了一下青蛙小美女。"

女孩刚一说完，全班女生都哄堂大笑，每个人都深深地记住了这个可爱的女孩！

女孩不仅长得像青蛙，而且很爱吃青蛙，有个女同学开女孩的玩笑说："我问你啊，你是因为长得像青蛙，人家才叫你青蛙，还是你爱吃青蛙人家才叫你青蛙？还是你爱吃青蛙才变得很像青蛙？"

女孩不以为意地说："唉呀，我也搞不清楚，反正我就是一只快乐的青蛙小美女就对了！"

女孩虽然其貌不扬，但性格十分开朗，对老师、同学称她为"青蛙"从来都不生气，还总是笑嘻嘻地答应，所以女孩身边从来都不乏朋友，而她也总是快乐的。

女孩子们总是有着对白马王子的无限遐想，关系好的女生常常会毫无顾忌地调侃女孩：“青蛙呀，你以后大概没有白马王子喜欢了，因为青蛙太小，白马王子是看不到的！”

女孩一听，笑着说：“没关系，我们青蛙是不会嫁给白马王子的，我们和癞蛤蟆才是一对儿呢！”

大家都被搞得莫名其妙，女孩却总是在这时漫不经心地说：“因为谁也不会嫌谁丑了呗！”大家一听，无不笑得东倒西歪。

高中生活结束后，女孩考上了某大学的生物系。她和青蛙的缘分也一直延续了下去，因为生物系自然是少不了要与“青蛙”亲近的。

一年后的一次同学聚会上，女孩高中的死党们惊奇地发现，女孩真的找到了和她一对儿的“癞蛤蟆”，而且是很帅的“癞蛤蟆”。

他是女孩的学长，曾经是一个很忧郁、很不开心的人，因为他觉得没有什么值得开心的事情。

当他看到这个自称是“青蛙小美女”的女孩时，问她的第一个问题是：“你被别人甚至是自己称为‘青蛙’，为什么还一天到晚都始终面带微笑，总是如此快乐呢？”

女孩用一双清澈的眼睛看着他认真的表情，不禁笑了笑，说：“学长，我知道你很优秀、很帅，可是你眼中看到的都是比你差、比你丑、比你烂的，所以你就觉得全世界都是不美好、不完美的！而我却不一样——我觉得自己很差劲，不够漂亮、不够可爱，所以我看到的世界都是美好的、完美的，所有美好的东西都是值得我用微笑去面对的！”

当得到女孩的回答之后，他真的被这只可爱的青蛙打动了，而且，从她那清澈的眼神中读懂了“纯真”一词的真谛，就在那一刻，他真的觉得对面这个女孩是美丽的、善良的，更是乐观的。

从那次交谈后，他甘愿做了与“青蛙”配对的“癞蛤蟆”，而且还学会了青蛙式的自我调侃：“我的女朋友是一只快乐的青蛙小美女，而我就是那个追她的癞蛤蟆大帅哥！”

心灵悟语 人在不知所措的时候，常会把难以做到的事情和自己的容貌联系到一起。其实，女孩不会因为美丽而可爱，但却可以因为可爱而美丽！所以你可以不漂亮，但要活得可爱、活得潇洒！故事中的女孩无疑就属于这种女生。

千万不要因为自己存在缺点而自卑，更不要因为自己不如人而难过。因为，正是由于我们的不如人，才造就了别人的优秀；正是由于我们的不完美，才会有那么多的完美；正是这份不完美，我们的价值才能充分体现。所以，你何必为了不出众而烦恼，何必为了争当红花而恼火，时刻都要记得——你就是你，快乐的自己，就算是“青蛙”又如何，做一个让别人羡慕的快乐青蛙美女才是最重要的。

感谢骂我的人

李晓红上高中后与另外三个女孩被班里男生称为“四大恶女”，这个绰号并不让她觉得羞愧，反而觉得很自豪。因为三个女孩都很有才：A的英语成绩每次考试都是140分以上；B的物理成绩每次也都是班里第一；C则是班上的“数学女王”，每次数学考试几乎都是满分。虽然李晓红也知道自己没有她们优秀，但身边有这样的朋友，她也傲气十足，不仅对班上的同学霸道蛮横，甚至敢经常顶撞老师。因此，校园里大家看到她们时常会躲避。

一天，发小陈莹莹告诉李晓红自己要与她绝交，并说了很多不好听的话。听完莹莹的指责，李晓红气愤极了，并发誓之后再也不理她。但后来一想，莹莹的话也不是没道理，并且她也渐渐发现自己高中以前的朋友越来越与她疏远了。为了挽回友谊，她决定收敛自己的嚣张气焰，把更多精力放到学习上去。

于是，李晓红开始用大量的阅读材料来寻求心灵的平静，它们使她过早地由天真趋向成熟。她开始写诗歌和小说，为学校的文学刊物写稿，同时致力于钻研音乐，参加学校的合唱团，在大大小小的管弦乐队中做演奏员。渐渐地她发现自己的生活越来越完美了，校园里的人也越来越愿亲近她了。她知道这一切的改变都源于陈莹莹那一骂把自己骂醒了。

岁月流逝，十几年过去了，如今的李晓红已经是万人瞩目的名作家，在一次媒体采访的时候，一位记者问道："是什么原因促使您走上了文学的创作之路？"

李晓红认真地回答说："是一位已经和我绝交的朋友的责骂。这么多年过去了，我一直在找机会和她言归于好。真的很感谢她，没有她骂我，我想我应该会过着浮躁的一生。所以我希望大家都能珍惜身边这种敢于指责我们的朋友。也许他们的话不好听，但他们的用意却是为我们好。"

心灵悟语 每个人都不希望被人骂，被骂的滋味确实不好受，但无风不起浪，事出必有因。当被他人指责的时候，我们首先该想的是"我应该反省一下"，而不是"回敬"对方。骂很多的时候也是鞭策我们前进的动力。因此，我们应该感谢那些骂过我们的人。骂过我们的人，才是我们的恩师，因为他是在提醒我们为善和进步。

外表美不代表真的美

夏林林读初二那年，她的爸爸和妈妈离婚了，爸爸带着那个和她差不多大的女孩离开了这个城市。

那一刻，夏林林埋怨爸爸，也怪妈妈总是操持家务而忽略了打扮自己。于是，夏林林下决心要让自己成为最漂亮的女生。

此后，夏林林不再专心于学习，上课也不像以往那样详细地记笔记，而是在桌子底下翻看那些教人如何化妆的杂志。

夏林林认为，只有外表的美丽才能为她赢得一切，学习算什么，妈妈还是研究生毕业呢，不照样被爸爸抛弃。

由于心态的转变，夏林林的学习成绩一落千丈。每天上学前她都躲到厕所里面化妆，穿衣服都参照杂志上的样子，尽显娇媚，完全失去了青春的本来面目。

她和不同的男孩子来往，女生们都开始渐渐疏远她，就连最好的朋友也远离了她。一个好朋友几次劝她：“不要浪费自己的青春了，这会让你得不偿失的。”可是夏林林根本就听不进去。

渐渐地，老师发现了她的变化，也知道夏林林的家里发生了变故，因此没有直接叫她把家长找来，而是想了一个办法来教育她，以免使她形成青春反叛的性格。

一次，一群校外的小青年为了争夺夏林林而大打出手，甚至惊动了公安局。老师出面保释了夏林林。她把夏林林叫到办公室，并没有直接批评她，而是让她洗了脸，然后两个人坐下谈话。

夏林林想：这下惨了，要是通知家长，妈妈要伤心死的！

奇怪的是，班主任老师说：“夏林林，我给你讲个故事吧。

“在一个花园里种着一棵橄榄树和一棵无花果树。一天，橄榄树嘲笑无花果树说：‘你看你，一到冬天叶子就落光了，光秃秃的树枝真难看，哪像我常年披着翠绿色的外衣，美丽至极，供人们欣赏。’无花果树并不介意它的嘲笑。不久，一场大雪降临了，橄榄树身上都是翠绿的叶子，雪都堆积在上面，重量太大最后把树枝都压断了，橄榄树看起来再也不美丽了。而无花果树因为只有几根简单的枝杈，雪穿过树枝落在了地上，因此并没有受到大雪的威胁，安然无恙。外表的美丽不一定就代表你适应了环境，它有时是一种负担，而且往往会给生存带来麻烦或灾难。只有平平常常的人才能活得自由自在。青春的美丽是最真实的，人不可能永远年轻，不要让华丽的外表成为我们奋斗的资本，那样只会埋没你真实的才华。”

夏林林听了老师的故事，明白了老师的良苦用心，她终于彻底地醒悟了——外表美并不能代表真的美！

心灵悟语

一个人可以生得不漂亮，但是一定要活得漂亮。无论什么时候，渊博的知识、良好的修养、文明的举止、优雅的谈吐、博大的胸怀，以及一颗充满爱的心灵，一定可以让你活得足够漂亮，哪怕你本身长得并不漂亮。容貌并不是最重要的，重要的是你怎么看待自己的人生价值。记住这句话——青春是最美的，你要活得漂亮，就是要活出一种精神、一种品位、一份至真至性的精彩。一个人只有展示自己的本色和魅力，用知识武装自己，用内在的气质去征服别人，才能得到别人的尊重！

嫉妒是美丽的腐蚀剂

阳阳本是一个看上去温和、优雅的女孩，她很注意自己的外表和言行，每天都悉心打扮自己，淡淡的妆容、得体的穿着，给公司里的人留下了很好的印象。

凌灵则是一个不太注重外表的女孩，但她性格直爽，为人仗义，心直口快，所以也很有人缘。

其实，阳阳一直暗地里与公司其他女同事比较着，觉得自己更有品位。看到包括凌灵在内的女同事都无法与自己相比，她很有一种优越感，这种优越感使得她对人非常宽容，不愿意与他人计较。

阳阳结婚后感觉很幸福，认为自己的丈夫杨明知识才能各方面都很好，她为自己嫁了一个好丈夫而暗自得意。

有一天，下班后外面下着大雨，阳阳没有带伞，就打电话让在家轮休的杨明把伞送来。杨明来到公司门口，恰巧遇到因下雨没法回家的凌灵在公司门外等着雨停，两个人就热络地聊了起来，还时不时开着玩笑。这些恰恰被阳阳听到了。

阳阳突然走出来，站在了杨明的身边。凌灵并不知道杨明是阳阳的老公，所以觉得很尴尬，赶紧找借口走开了。

凌灵的那些玩笑话，把阳阳彻底改变了。她心生嫉妒，一到公司，再也没有温和的笑容，而是常常带着不屑的眼神打量着同事，说话除了讥笑就是嘲讽，有时还直撇嘴，直翻白眼，看上去和优雅一点也不沾边了。

凌灵因为身材不好，有点胖。阳阳就借题发挥，经常讥讽胖人。

有一次在休息时间，同事们聊起了电视剧《金婚》，一个同事说道：“其实那个庄嫂挺可爱的，就是胖点。和大庄在一起时又是拿绳子勒自己，又要拿刀抹脖子，把我笑坏了！”

阳阳接着就说：“看她那水桶腰吧，胖得跟猪似的。谁娶了这样的女人，真是倒霉。怪不得她老公总是想出轨！”

她话一出口，几个长得胖的女同事都不吭声了。

渐渐地，同事们也都不愿意跟阳阳接近了。就这样，一个优雅漂亮的女孩，因为心生嫉妒而自行“毁容”了。

心灵悟语 嫉妒别人的人常常被一种冲动的情绪支配着，在做事时，就难以保持优雅的风度，脸上也不会有温和的笑容，眼神也不会清澈如水。这样的女生即使有再大的眼睛、再好看的嘴、再美丽的头发、再好的身材，也不会让人感觉美丽。

可以说，嫉妒是美丽的腐蚀剂，对于女生来说，一定要让自己远离嫉妒。在出现嫉妒苗头时，要马上自我约束，摆正自身位置，努力驱除嫉妒心态，这样就会变得“心底无私天地宽”了。

不要苛求完美

周末，朋友约小玲一起外出游玩，小玲欣然接受了，因为她也正想到外面玩儿玩儿，放松一下心情。可是在车站碰头时，朋友却迟迟不见小玲的身影。

半个小时之后，小玲匆匆赶到了。大家一看她的打扮，从发型到鞋子，打扮得极为精致，不由地赞叹起来。但是小玲的表情却让大家感到紧张。她一脸不高兴，指着漂亮的裙子说：“刚出门就不小心弄脏了，赶快回家去换，却发现带错了钥匙，给老妈打电话，又一直占线……”

经小玲指点，大家才看清她的裙摆处有一块非常不显眼的污迹。大家都安慰她说污迹并不明显，她看起来依然非常漂亮。

可小玲却总觉得别扭，一路上时不时提起裙摆看那块污迹，一边看一边抱怨自己不小心，抱怨两串钥匙太相像，抱怨妈妈单位的电话。

小玲的脸色一整天都阴沉得难看，大家的心情也都受到了影响，虽然一路上的风景很漂亮，但都没有心情欣赏了。本该快快乐乐地过一天，却因为裙子上的一块污迹给影响了。

心灵悟语 虽然，对完美的追求是人之常情，但若是过了头，就会给自己带来许多不必要的烦恼。就像故事中的小玲一样，她聪明能干，对生活中每件事都很看重，都愿意花时间和精力去做得更好。不过，她对不完善的地方特别敏感，不能接受不完美的事物，并为此丢掉了快乐。

生活中，很多像小玲这样的女生把追求完美演变为苛求完美，对一点小的纰漏都无法容忍，这在无形之中给自己套上了枷锁，如果一件事情没有做到让自己满意的地步，就开始自己给自己“施刑”，甚至会产生严重的心理冲突，经常处于焦虑和担心之中，很难快乐起来。所以，如果你想要拥有轻松快乐的生活，就必须学会不苛求生活中的琐碎小事，因为现实中没有完美的事物。

生命的价值

在一次讨论会上，一位著名的演说家没讲一句开场白，手里却高举着一张20美元的钞票。

面对会议室里的200个人，他问：“谁要这20美元？”

会议室里的人都把手举了起来。

演说家接着说：“我打算把这20美元送给你们中的一位，但在这之前，请准许我做一件事。”

演说家说着将钞票揉成一团，然后问：“谁还要？”

仍有人举起手来。

演说家又说：“那么，假如我这样做又会怎么样呢？”

他把钞票扔到地上，又踏上一只脚，并且用脚碾它。然后他拾起钞票，钞票已变得又脏又皱。

这时，演说家问道：“现在谁还要？”还是有人举起手来。

演说家接着说道：“朋友们，你们已经上了一堂很有意义的课。无论我如何对待这张钞票，你们还是想要它，因为它并没有贬值，它依旧值20美元。”

心灵悟语 不要让昨日的沮丧令明天的梦想黯然失色，因为生命的价值从不会贬值！

3. 知足常乐

只看你所拥有的

有一个可怜的女孩，她自小就染患脑性麻痹，脑性麻痹夺去了她肢体的平衡感，也夺走了她发声讲话的能力。

从小，她就生活在诸多肢体不便及众多异样的眼光中，她的成长充满了血泪。然而她没有让这些外在的痛苦击败她内在奋斗的精神，她坚强面对，迎向一切的不可能。

终于，她获得了加州大学艺术博士学位，她用她的手当画笔，以色彩告诉人们“寰宇之力与美”，并且灿烂地“活出生命的色彩”。全场的学生都被她不能控制自如的肢体动作震慑住了。

这是一场倾倒生命、与生命相遇的演讲会。一个学生小声地问：“请问博士，您从小就受疾病的折磨，您是怎么看自己的？”

“我怎么看自己？”她用粉笔在黑板上重重地写下这几个字。她写字时用力极猛，有力透纸背的气势。写完这个问题，她停下笔来，歪着头，回头看着发问的同学，然后嫣然一笑，转过头去，在黑板上龙飞凤舞般写了起来：

一、我很善良！

二、我的腿很长很美！

三、爸爸妈妈这么爱我！

四、我很聪明！

五、我会画画！

六、我会写稿！

七、……

就在这一刻，教室内鸦雀无声。她回过头来凝神看着大家，再转过头去，在黑板上写下了她的结论："只看你所拥有的！"

掌声从学生群中响起。她倾斜着身子站在台上，满足的笑容从她的嘴角荡漾开来，眼睛眯得更小了，脸上写满了永不言败的傲然。那一刻，黄昏的夕阳透过教室的窗户射进来，映在了她的脸上，如此快乐的笑脸感动了所有人。

心灵悟语 当你遇到挫折时，切勿浪费时间去算你遭受了多少损失。相反地，你应该算算你可以从挫折当中得到多少收获。你将会发现你所得到的，会比你所失去的要来得多。

活在当下

圣玛利亚大教堂里有一位双腿残疾但圣歌唱得很好的少女，很多人慕名赶来听她唱圣歌，大家都被这位身残志坚的女孩打动了。女孩甜美的笑容也总能抚慰那些疲惫、忧郁的心灵。

一天，一个悲伤的信徒看到少女后问："为什么你总能保持愉快呢！"

少女笑了笑："其实我也抱怨过上帝对我不公，直到有一天神父给我讲了一个故事，他说：'从前有一个人被一只老虎追赶而掉下悬崖，庆幸的是在跌落的过程中他抓住了一棵生长在悬崖边的小灌木。头顶上那只老虎无奈地走了。但不幸的是悬崖下又来了一只老虎，正虎视眈眈地等着他掉下去。就在这个人感到害怕时，一转头，他发现悬崖边上有一些野草莓，伸手可及。于是，他摘下一颗放在嘴里，草莓甜极了。这时他想到自己身边这些草莓应该能帮他解决饥渴，只要自己坚持一天，朋友一定能找到自己，结果，傍晚他的朋友就在悬崖边上发现了他，并把他救了上来。’故事中那一上一下两只老虎，一只代表我们过去的遭遇，一只代表我们未来可能面对的不幸，而草莓才是我们伸手可及的现在，把握现在才能感受到生活‘甜蜜’的味道。这是我从神父所说的故事中明白的，这就是我保持愉快的原因。”

心灵悟语 我们常把生活中的痛楚无限放大，而不懂得去珍惜拥有的快乐。要知道，世上有很多事是无法提前的，不要透支未来的烦恼，只有活在当下，过好每一天，才是正确的人生态度。

老海龟的故事

有一只老海龟，是大海中的老寿星，大家都很尊敬它。因为经历过很多事，老海龟经常在小海龟面前谈自己当年的英雄事迹，小海龟们对他非常佩服。

老海龟也扬扬得意，自觉高“龟”一等。为了保持这种让人佩服的形象，它一举一动都很小心谨慎，处处表现出长者的风度。

一天，老海龟来到沙滩上，见几只小海龟在不远处的一块大石头上玩儿，它也想爬上去。大石头并不高，以前老海龟经常爬上去，但这次，他却怎么也爬不上去了。

小海龟们对它说：“你年纪大了，动作不灵活了，让我们拉你一把吧！”

老海龟认为让小海龟帮忙太丢面子了，于是故意笑着说：“谁说我爬不上去，再高的石头我都爬过，刚才我只不过是先活动活动四肢，等会儿再爬上去。”

老海龟在沙滩上休息了一会儿，然后使出浑身的劲儿向大石头上猛冲。哪知它用力过猛，身体失去重心，四脚朝天跌倒在沙滩上。小海龟们见了，都大吃一惊，要去帮它把身体翻转过来。

老海龟连忙摆摆手，劝它们不要过来，还故作轻松地说：“我是故意仰面朝天躺着的，这样我的胸部就可以晒到温暖的阳光，多么舒服啊！”

直到小海龟跳入大海游远了，老海龟才想把身体翻转过来，可是无论它怎么努力，都翻不过来。几个渔民正好经过海滩，轻而易举就把它抓住了。

老海龟有点后悔，心想若不是为了顾及面子而不让小海龟们帮它把身体翻转过来的话，自己也不会落得如此下场。可是它转念一想又高兴起来，自我安慰道："还好，自己被抓时的狼狈相没有让小海龟们看到，总算没在它们面前失面子。"

心灵悟语 老海龟因为逞强、不认输而被抓。人生在世，一时强不代表时时强，一方面强不代表面面强，所以有些时候就得该认输就认输，这样才活得真实自在。

快乐是什么？快乐有时候总是和我们捉迷藏，它永远与我们若即若离，保持着一段距离。快乐也像骡子前方挂着一把草，它永远在前面，但永远都无法得到。有时候，我们要感谢那份若即若离的快乐，让我们还有梦，还有痛，还能让我们把生活继续下去。其实，人最快乐的状态是心无挂碍、自由自在，如果争强好胜，只有自己比别人强才会高兴，否则就痛苦不堪，宁可伪装也要装出一副比别人强的样子，这样是找罪受，凭空之中给自己添了太多的烦恼。

美丽的蜻蜓

从前，有一只乌龟被海水冲到岸边的一块礁石旁，乌龟好奇地问礁石："你待在这里一动不动，不孤独吗?"

礁石回答说："我已在这里待了几百万年，习惯啦!"

乌龟吃惊地说："啊？你竟然活了这么长时间，我却只能活一千年，真是不公平！"

乌龟碰到一头大象，友好地问："大象兄弟，你能活多少年？"

大象回答说："七十年吧，你呢？"

乌龟一听心里平衡了不少，骄傲地说："一千年，不过石头能活几百万年，还真有点不公平。"

大象甩着长鼻子气得直喘粗气："你还不满足？我多可怜！"

大象进食的时候，来了一只水牛，大象问道："牛老弟，你能活多少年？"

水牛回答说："四五十年吧，象大哥，你呢？"

大象一听高兴地说："我比你多活二十年，不过比起乌龟可差远了，它能活一千年。"

水牛低着头愤愤不平地吃着闷食。

水牛在河边饮水时，问邻居羚羊："羊妹妹，能告诉哥哥你能活多少年吗？"

羚羊羞涩地回答道："你怎么打听女士年龄？人家才四岁，是妙龄少女！"

水牛一算："四岁是青年，你不过能活一二十年吧？我比你多活三十年，但大象那家伙可比咱们活得长！"

羚羊听后一脸不悦地走开了。

羚羊的背上"背着"一只飞鸟，羚羊问："小家伙几岁了？"

飞鸟回答说："我已不年轻了，都两岁了，活不了几年啦！"

羚羊很吃惊，心想：还有比自己"短命"的？它心里也平衡了一些，但一想到水牛又气愤地说："小家伙，我和你都不如水牛幸运，水牛能活五十年，我活二十年，你就可怜喽！"

飞鸟此时才知道原来自己如此不幸，伤心地飞走了。

乌龟、大象、水牛、羚羊、飞鸟在草地聚会，表面客气，内心却充满了妒忌。一只美丽的蜻蜓挥舞着金色翅膀在空中盘旋，飞鸟大声说："蜻蜓姐姐有什么急事那么忙呀？"

蜻蜓笑着回答说："你可千万别叫我姐姐，我只有不到一星期的存活时间，我必须充分利用这短暂的时光，尽快找到伴侣，生下自己的后代。那样我就心满意足了！"

蜻蜓说完就飞走了。

飞鸟、羚羊、水牛、大象、乌龟都抬起头，用仰视的眼神目送着这只飞舞的蜻蜓。

心灵悟语 人，应该学会满足。但满足不等于没追求。像蜻蜓那样尽情地飞舞，就不会枉此一生，更不会心态失衡。所以，让我们学会懂得满足，学会发现生活的美好，找寻快乐的真谛。即便陷入困境的泥淖，也要勇往直前去面对。

有了面子丢了快乐

王洪燕在大学时是班里的“红人”，她不但长得漂亮，还很勤奋好学，成绩优秀。

毕业后，她顺利地进入了一家国企，而其他同学都没有这机会，为此她沾沾自喜。后来她结了婚，丈夫是与自己一个单位的技术人员，为人老实厚道，对她疼爱有加。

毕业十年后，班级组织了同学聚会，她发现有几个毕业时找不到工作的同学自己做生意挣了大钱，事业蒸蒸日上，而靠应聘进入私企的同学，因为工作压力大不断充电学习，各方面能力都有提升，待遇也很好。

王洪燕的工作虽清闲，但是非常枯躁，而且待遇也不太好。

同学李小雅，在大学里一直是她学习上的竞争对手，可是每次都是王洪燕的手下败将。这次小雅可有了大变化，在一家私企做策划，她的丈夫也在一家私企当总经理，陪小雅一起参加同学会。小雅的丈夫看上去非常活跃，能说会道，与人家的丈夫相比，王洪燕觉得自己的丈夫给她丢了脸。

王洪燕参加完同学会后特别失落，整天郁郁寡欢，对丈夫开始挑三拣四，无论丈夫做什么，她都看不上眼，经常训斥他，怪他不争气。

就这样，一个本来温馨幸福的家庭整天充满火药味。在单位里，她对自己的工作也不满意，经常不按时完成任务，后来领导给她停了职。正当王洪燕为找工作发愁时，小雅出差路过王洪燕所在的城市，到她家来做客。

王洪燕怕被笑话，不让丈夫回家，自己花出了半年的积蓄来招待小雅，还说自己的工作非常好。小雅临行前说道：“我现在打算自己开公司，我本打算如果你们单位待遇不好就让你辞职出来一起做。现在看来你过得真不错，我还是找别人去吧！”

王洪燕一听，后悔不已，不过她也有值得安慰的地方，那就是没有丢掉面子。可是以后的日子，她又开始陷入不平衡之中，整天在怨天怨地的烦恼之中度过。她常常夜不能寐，渐渐地患上了严重的心理失衡症。

心灵悟语 强时自强，不强时别逞强，在自己有限的条件之中制造最多的快乐。不去跟别人比，争强好胜的人往往过得不快乐。其实，快乐是掌握在自己手中的，认为拥有越多就越快乐是一种非常大的误解。快乐与你所拥有的容貌、金钱、地位、名誉之间几乎没有联系。快乐是一种感受，是一种心态，是一种体验。

戒除贪欲才可以享受人生

以前，有一位国王总是梦想着自己拥有很多金银财宝。

这一天，他遇到一个小精灵，于是虔诚地祈求对方满足自己的愿望。小精灵想了想，最终答应了他的请求。

国王带着小精灵来到宫殿，然后说：“给我一座金碧辉煌的城堡吧，我可以生活在金色的世界里！”

眨眼之间，原来用石头和木材砌成的宫殿变成了金光灿烂的城堡，国王高兴地抚摩着宫殿里的一切，眉飞色舞。

后来，国王感觉身体劳累了，于是来到寝宫。但是当他爬上床铺时，眼前的床铺和被褥立刻变成了黄金。

国王躺在上面感觉浑身冰凉，十分难受，不由得想起柔软而温暖的棉被。这时，国王感觉肚子饿了，于是他走到厨房，但是他刚靠近蛋糕和美酒，它们就变成了金子。

结果，国王走到哪里，哪里就变成黄金，这令国王大为恼火。

没有了温暖舒适的被子，不能品尝香甜可口的蛋糕，生活还有什么趣味呢？国王不再兴奋了，他意识到是自己的贪心造成了这种局面，于是恳请小精灵帮助自己恢复以前的生活。

心灵悟语　一个人生活在这个世界上，吃喝、居住都有固定的用量，如果我们毫无节制地奢侈浪费，贪得无厌，就会丧失更多宝贵的东西，与自己的初衷背离，这就是“贪得一时，却失一世”的道理。一些人因为贪得无厌被事物迷惑，最终难以自拔，而当他们意识到自己的失误时，往往悔之晚矣。所以，让自己做到不贪心，才能正确判断，完成更有意义的事情。

4. 赢得希望

一定要看到希望

有一个可怜的女孩，在她小的时候，很想和其他的小孩子一起玩跳房子，然而，这样一件其他小朋友轻而易举就可以做到的事情，对她来讲却永远不会实现，因为她看不见地上所画的线，所以她就等其他的孩子都回家以后，她趴在地上，把眼睛贴在线上瞄来瞄去。

一次意外让她的眼睛几乎瞎了50年之久。她只有一只眼睛，并且眼睛上满是疤痕，她看东西时只能透过眼睛左边的一个小洞去看。看书时必须把书本拿得很贴近脸，近到眼睫毛都碰到书本上，而且不得不把那一只眼睛尽量往左边斜过去。尽管如此，她也没有自卑和抱怨，她有着极强的自尊心，不愿意看到别人对她的怜悯和同情。

她凭借自己的坚强和努力，先后在明尼苏达州州立大学和哥伦比亚大学拿到学士学位和硕士学位。后来，她成为南达科他州奥格塔那学院的新闻学和文学教授。她在那里教书教了三年，还在电台主持谈书和作者的节目。

终于，在她52岁那年，她的命运发生了转折。她在著名的梅育诊所进行了一次手术，她的视力提高了40倍。

从这时开始，她告别了50多年的黑暗世界，展现在她眼前的是一个令人兴奋的、可爱的、全新的世界。她对这个多姿多彩的世界充满了新奇和感激，即使是在厨房里洗碟子，她也会觉得很开心。她像个孩子似的玩弄洗碗盆里的泡沫，抓起泡沫，迎着光举起来，在每一个泡沫里，她都能看到一道美丽的彩虹。

她就是《我希望能看见》一书的作者——波纪儿·戴尔，一位伟大的作家。

心灵悟语 生活中，很多人在面对不幸和痛苦时，都会将自己推向自暴自弃的边缘，这样只会让原本美好的生活在自己的眼中变得死气沉沉、毫无希望。其实，只要你善于发现，只要你拥有阳光的心态，你就一定会看到希望。

不要为打翻的可乐而哭泣

李露露是一个要强的女孩，她不仅人长得漂亮，性格随和，而且学习成绩在班里也一直名列前茅，老师和同学们都很喜欢她。

但是，在一次大考中，李露露遇到了一点小小的麻烦，导致她的数学成绩居然没有及格，这对李露露可是个致命的打击，大家也都很惊讶。

为此，李露露的心里痛苦到了极点，她不知道怎么对自己的父母交代，更怕同学们会笑话她。她甚至认为数学老师也不会再喜欢她了。顶着这样沉重的心理压力，李露露简直不知道自己是怎么走回家的。

但出乎李露露意料之外的是，父母好像根本没把这件事放在心上。吃晚饭的时间到了，李露露心想：这下可完了，父母肯定会在餐桌上教训我了，这是我最不愿意面对的事情。李露露硬着头皮坐到了餐桌前，一言不发地低着头吃饭。

爸爸妈妈还是像往常一样说说笑笑，聊着他们白天的趣事，没有一点反常的表情。父母越这样，李露露越觉得难过，恨不得马上就消失。就在晚餐进行到一半的时候，李露露的爸爸似乎是故意地将一杯可乐打翻了，可乐流了一桌子。

李露露心想：母亲一定会大声责骂爸爸，大呼小叫地开始训斥。可母亲一反常态，不但没有表示很遗憾很可惜的样子，反而拿过餐巾纸安静地把可乐擦干净了。

李露露看到父母的表情，觉得很吃惊，今天的晚餐气氛不太一样，可是好像没有什么火药味。

“这是怎么回事？他们到底是怎么了？”正当李露露疑惑不解的时候，爸爸开口说话了：“露露，你看见了吗？不要为打翻的可乐而哭泣。可乐已经打翻了，再怎么抱怨都没有任何意义。其实，我们对待生活也是一样的，我们已经知道了你这次考得并不理想，但是这有什么关系呢。这并不能抹杀你以往的成绩，也并不能代表你未来的成绩。只不过是一次失误而已。不要去在意偶尔的一次发挥失常，即使你这次考得不好，我们还是会一如既往地爱你的。”

母亲也鼓励李露露说：“对啊！况且我们都知道你已经尽力了。放心吧，露露，爸爸妈妈会永远支持你的，我们的宝贝女儿是最棒的！来，妈妈再给你倒一杯可乐，相信，你品尝这杯可乐时一定会快快乐乐的……”

听完父母的话，李露露如释重负，烦恼忽然间消失得无影无踪了，精神也顿时振作起来。

那天晚上，李露露暗自下定决心，一定要在下次考试中取得好成绩。

果然，通过自己的努力，李露露在接下来的一次考试中取得了全年级第一名的好成绩，她兴高采烈地回到家，把这个好消息第一时间告诉了父母：“爸爸妈妈，谢谢你们，我以后都不会为打翻的可乐而哭泣了，请你们相信我。”

心灵悟语　无论遇到什么不如意，都不要自暴自弃。遇到问题的时候不要一个人扛着，说出来，让自己的家人和朋友分担一些，你会发现所有的问题都会有解决的办法。而且，一次成绩的好坏不能代表你的未来，偶尔的失误并不可怕，可怕的是陷在失败的阴影中不能自拔，那就是放弃自己，那命运也会放弃你。所以，不要为失去的而悲痛，因为生活在继续，美好的明天还等着你去创造，你要挺起胸膛，大步向前，对自己说一句：“加油！”

昂起头，不屈服

一个中年人问身边的小女孩："你是不是有恐高症？"

小女孩回答说："是有点，可我并不害怕。接着她聊起来小时候的一桩事。我是山里来的孩子，那里很穷，每到雨季，山洪暴发，一泻而下的洪水淹上了我们放学回家必经的小石桥，老师就一个个送我们回家。走到桥上时，水已没过脚踝，下面是咆哮着的湍流，我们看着心慌，不敢挪步。这时老师说，你们手扶着栏杆，把头抬起来看着天往前走。这招真灵，心里没有了先前的恐惧，也从此记住了老师的这个办法，在我遇上险境时，只要昂起头，不肯屈服，就能穿越过去。"

中年人笑笑，问小女孩："你看我像是寻过死的人吗？"

小女孩看着面前这位刚毅果断、令他尊敬的副总裁，一脸的惊异。

中年人接着说道："我原来是个坐机关的，后来弃职做生意，不知是运气不好还是不谙商海的水性，几桩生意都砸了，欠了很多的债，债主天天上门讨债，6万多元，这在那时可是一笔好大的数字，这辈子怎能还得起。我便想到了死，我选择了深山里的悬崖。我正要走出那一步的时候，耳边突然传来苍老的山歌，我转过身子，远远看见一个采药的老者，他注视着我，我想他是以这种善意的方式打断我轻生的念头。我在边上找了片草地坐着，直到老者离去后，我再走到悬崖边，只见下面是一片黝黑的林涛，这时我倒有点后怕，退后两步，抬头看着天空，希望的亮光在我大脑里一闪，我重新选择了生。回到城市后，我从打工仔做起，一步步走到了现在。"

小女孩听了中年人的这番话，与他相视而笑，他们一起昂起头，映入他们眼帘的是一片蔚蓝色的天空……

心灵悟语 其实，在我们每个人的一生中，随时都会碰上湍流与险境，如果我们低下头来，看到的只会是险恶与绝望，在眩晕之中失去了生命的斗志，使自己坠入地狱里。然而，如果我们能抬起头，看到的则是一片辽远的天空，那是一个充满了希望并让我们飞翔的天地，我们便有信心用双手去构筑出属于自己的那片蓝天。

敞开你的心扉

佳佳从小就是个内向的女孩，不善于与别人交流，每天放学后，她都会把自己关在小房间里静静地写东西。

由于佳佳的课桌在教室的角落里，是老师看不到的死角，所以佳佳最不喜欢上课，即使全班同学都激烈地讨论，佳佳仍然蜷在自己的小空间里，关上自己的心门，躲避着老师的视线。每当下课的时候，许多同学聚在一起叽叽嘎嘎地闲聊，有的说自己那条新买的裙子很漂亮，有的说自己又被起了个难听的绰号……而佳佳总是一个人在自己的角落里做着自己的事情。

有时佳佳也会因为被孤立在外而暗自伤神，看着同学们热闹地讨论，佳佳一直都有种参与其中的渴望，但是她无法敞开自己的心扉，去融入到那种热烈气氛之中。渐渐地，孤独成了佳佳最好的伙伴，佳佳逐渐习惯了没有对话的世界，习惯了享受一个人的生活。

春季校园艺术节就要到了，佳佳和往常一样不在乎甚至是有些惧怕这种联欢的热闹，怕自己的孤单。

学校让每个班级出一个诗歌朗诵表演的节目，语文老师竟极力推荐佳佳参加，并说她发现了一首很适合佳佳的小诗。佳佳有些惊讶，甚至可以说是有些胆怯，老师找到她，并做起了她的思想工作：“佳佳，老师相信你是可以把这首诗朗诵好的，勇敢一点，敞开你的心扉，你就会发现任何事情都没有那么难……”

听了老师的话，佳佳深受鼓舞，忍不住好奇地看了看那首小诗——你站在楼上看风景，看风景的人在楼上看你。明月装饰了你的窗子，你装饰了别人的梦。

这首诗的确很适合佳佳，至少佳佳被它吸引了。

于是，佳佳欣然接受了，接着投入地练习。语速、语音、语调，眼神、微笑、手势，如此反反复复。

演出那天，佳佳在语文老师的建议下，换上了桃红色的连衣裙。站在高高的舞台上，望着台下的同学鼓励的目光。每个同学青春的脸庞映着明艳的春装，与校园里的桃红柳绿相映衬，鲜亮、明朗。佳佳忽然有一种强烈的感觉，其实并不是只有黑色才属于自己。

于是，佳佳的嘴角有了新月的弧度，她的笑容感染了所有的师生。因为佳佳是在用心朗诵着这首诗，仿佛也是在诉说自己的心声。

当掌声响起的时候，佳佳分明看到的是一张张笑颜如花的脸庞。

此时，佳佳才意识到：一直以来都是自己关闭了心灵的门，并加上一把大锁。而那许许多多的锁原本是并不存在的。所以，她在那一刻作出了决定——从这一刻开始，我要敞开我的心扉，勇敢面对一切，为自己赢得无数个希望！

心灵悟语 青春是需要闪亮的，只要不自弃，相信没有谁可以阻碍你进步。从这一刻起，勇敢地敞开你的心扉吧，让阳光照进自己的心怀，融入青春的集体。每个女孩都是自己的天使，不要锁住心扉，大胆地交流和沟通，抛开青春的孤寂和高傲，其实周围充满了关爱和友谊。只要你不抛弃自己，生活就永远不会抛弃你。

琳娜的祷告

蒙琳慧是一个妇产科医生，她远离家乡，工作在条件恶劣的非洲中部。一天晚上，蒙琳慧在产房帮一位母亲接产，虽然尽了最大的努力，这位可怜的母亲还是逝世了，留下了一个状况不佳的早产儿和一个两岁的小女儿。

实际上，要让这个婴儿活下去是很困难的事，因为没有必需的保温箱，也没有任何特殊喂食设备。一位见习护士去找适合这种小婴儿的箱子和包裹的棉布，另一位去加火烧热水以便倒进热水瓶。

没过多久，见习护士沮丧地回来了，最后的一个热水瓶爆裂了。因为在热带气候下，橡胶很容易裂化，而在非洲中部则根本买不到热水瓶。

第二天中午，蒙琳慧像往常一样，跟一群愿意与她在一起的孤儿进行祷告。蒙琳慧要孩子们为这个新生早产儿的各种需求祷告，她为了解决这个小婴儿保暖的困难，也提到了热水瓶。这个婴儿如果不能保持体温的话就会很容易死掉。

就在这个时候，一个名叫琳娜的十岁小女孩，用非洲小孩惯有的方式祷告着。她祷告说："上帝，请你寄给我们一个热水瓶。如果明天寄来就没有用了，这个婴儿将会死去。所以，请你今天下午寄到……在你处理这件事的同时，可不可以请你寄一个洋娃娃给那个小女孩——让她知道你真的爱她？"

与往常一样，蒙琳慧是当场与小孩子们祷告的，但她却并不能真心地说出"阿门！"因为蒙琳慧并不相信上帝能做到。

当日下午，临黄昏的时候，蒙琳慧正在护士训练学校教学，有人传口信说：有一辆车停在她家的正门前。

当蒙琳慧到家时，这辆车已经走了，但在走廊，有一个22磅的包裹。这可是这四年来从没有出现过的。

蒙琳慧感到非常意外和激动，眼泪刺痛了她的眼睛，她无法独自打开包裹，只好叫那些孤儿来。大家一起小心地揭开绳索，蒙琳慧从最上面拿到一个颜色鲜明的针织物，当她拿出时，眼睛里闪烁着晶莹的泪光；接着，又拿出一个给麻风病人用的针织绷带，这群小孩开始觉得有点无聊；再来是一盒混着紫色及黄色的葡萄干，看到这些食物，蒙琳慧心想：这个周末可以用来做出一批好吃的小点心了。

这时，蒙琳慧再将手放进纸箱，不自觉地叫出来："是一个全新的热水瓶！"琳娜在这群小孩的前排，她急忙近前来，叫着说："如果上帝寄来热水瓶，也一定会寄来洋娃娃！"

琳娜自信地在纸箱底翻找着，终于，她拿出了一个漂亮的、穿着衣服的小洋娃娃。

她开心地对蒙琳慧说："阿姨，我可不可以跟你一起去，将这个洋娃娃拿给小女孩，这样她会知道耶稣真的爱她。"

蒙琳慧此时已经热泪盈眶，她对琳娜点了点头。

原来这个包裹的运送经过了整整五个月，由蒙琳慧以前的学校寄来的。或许他们早就知道在此时此刻的下午将会有孩子需要这些东西。不管怎样，这些东西给蒙琳慧带来了希望。

心灵悟语 这个故事提醒我们：生命总会面临一些挫折，只要勇敢面对，一切都会解决。所以，任何时候都不放弃希望，哪怕这个希望十分渺茫，甚至有一点奢侈，但只要有希望，奇迹就一定会出现。就像故事中的十岁小女孩琳娜一样，在所有人看来都是不可能实现的事情，她仍然对一切充满希望，最终她的祷告也成为了现实。

巧对逆境

苏轼不但是一个伟大的文学家，也是宋代政坛上的一位风云人物。

但是，尽管他有经世济时、仁政爱民的执著追求，但是官场的种种争斗和险恶带来了仕途坎坷的命运。面对这种情形，苏轼以超然物外的豁达心态应对人生道路的坎坷与不幸，使自己获得了与世无争的恬淡生活。

根据历史记载，当时北宋形成了以王安石和司马光为代表的新旧两派，苏轼在这场政治斗争中成为牺牲品，多次受到无情的打击。

公元1079年，他因为写作诗歌讽刺当时的新政，结果被逮捕，并投入到监狱中，几乎在那里丧命，最后落得被贬的下场。

此后，苏轼因为政治原因多次被贬到惠州、琼州等地方，过着颠沛流离的生活，仕途充满了坎坷。

面对生活的不幸，苏轼始终保持着豁达的心态，所以他总是能够以积极乐观的精神面对明天，并没有对生活失去信心，而是仍旧坚持自己的人生追求。比如，他不念自己的得失做了许多利国利民的好事，此外在散文、诗词等领域刻苦创作，成为一代名家。

显然，这些成就的取得都离不开他旷达乐观的心态。

心灵悟语 以豁达的心态面对人生逆境，是一种高明的处世智慧。生活中的不如意难以避免，经历人生风雨的时候，豁达的心态是我们应对坎坷与挫折的利器——它可以使我们保持开阔的胸襟，积极乐观地坚守自己的人生理想，避免了从此一蹶不振的尴尬。

5. 展示微笑

一笑而过

一天，红红神情恍惚地在公园里游走，原来红红被老板毫无道理地炒了鱿鱼，想到自己已经失业了，未来的生活一点着落也没有，红红坐在路旁的一条长椅上黯然神伤，感到生活前景暗淡，看不到一丝希望。

这时，在她旁边不远处有个小男孩正站在那里看着她，一副幸灾乐祸的样子。她左看右看，并没有发现自己有什么异常。

于是，红红好奇地问小男孩："小朋友，你在那里笑什么呢？"

"这条长椅的椅背早晨的时候刚刚刷过油漆，我想看看你站起来的时候，背后是什么样子？"小男孩说话时一脸得意的神情。

红红有些生气，但是也猛然领悟到了一件事："的确，自己如此落魄的样子，周围那些刻薄的人也都等着看我的笑话呢，就像这个可恶的小家伙，不过我还要感谢他提醒了我。我绝对不能让我的敌人看到我沮丧的样子，虽然我丢了工作，那能证明什么呢？工作没了可以再找，如果自尊和自信心没了可就不容易找回来了。

想到这里她有了一个好主意。她指着前面的空地对那个小男孩说："你看那里，很多人在放风筝呢。"

小男孩转过身去张望，但他什么也没有看到。他立刻发觉到自己受骗了，当他恼怒地转过脸时，红红已经把外套脱了拿在手里，身上的粉红色衬衫让她看起来更加青春靓丽。

小男孩有些失望，嘟着嘴走了。

心灵悟语 在生命之旅中我们须有这样的一种风度：失败和挫折，不过只是一个记忆，只是一个名词而已，不会增加生命的负重。带着伤痕把胜利的大旗插上成功的高地，在硝烟中露出自豪的笑容，才是人生的又一分精彩。大风可以吹落碎石，却永远吹不倒巍峨的大山。

我们需要学会过滤自己的心境，善于给自己的心情放假，不停地奔波，让我们的笑声带有几分苦涩。因此，要经常打扫心灵库房，把昨日的烦恼清扫出去，腾出心灵的空间来存放更多的今天的快乐。人生有时候就是活一种心情，心情质量也是生命的质量。

微笑的力量

一位七岁的小女孩家住洛杉矶，在一次偶然的机会中，她遇上了某位陌生人，陌生人一下子给了她四万美元。突然间收到这么一笔大金额的馈赠让小女孩一时摸不着头脑，这个消息一经传开，几乎整个加州都为之疯狂骚动起来。

记者们纷纷找上门来，采访这个小女孩：“小妹妹，你在路上遇到的那位陌生人，你认识他吗？他是你的某一位远房亲戚吗？他为什么会给你那么多的钱？四万美元啊，那是一笔很大的数字啊！那位给你钱的先生，他是个什么样的人呢……”

小女孩笑着回答道：“不，我不认识他，他也不是我什么远房亲戚，至于他为什么给我这么多钱，其实我也不知道……”

尽管记者用尽一切方法追问，仍是完全无法一探究竟。后来，小女孩的家人，试着用小女孩熟知的方法来引导她，要她回想一下，为何这个路人会给她这么多钱。于是，小女孩努力地想了又想，十几分钟过后，她突然告诉她的爸爸：“就在那一天，我刚好在外面玩，路上碰到那个人，当时我只是对着他笑了笑。”

爸爸接着问道：“那么，对方有没有说什么话呢？”

小女孩想了想，说：“他好像说了一句话：‘你天使般的微笑，化解了我多年的苦闷！’”

原来这个路人是一个富豪，一个不快乐的有钱人。他脸上的表情一直是非常冷酷而严肃的，他做事也以冷酷出名，以至他居住的整个小镇上，根本没有人敢对着他笑。这使他一直过得很压抑。直到富豪突然遇到这个小女孩，当小女孩对着他露出真诚的微笑时，富豪心中不自觉地温暖了起来，甚至打开了心中纠缠多年的死结。

所以，富豪决定给小女孩四万美元，这是他对女孩的感谢，更是他在那个天使般的微笑中看到无限希望的一个印证。

心灵悟语 对于我们个人而言，应该笑对人生。而对于那些正处于人生低谷的人，我们更应该给予他们真诚的微笑，不要小看微笑的力量，因为它不但能化解心中的苦闷，更会让对方鼓起勇气，用一种积极的心态面对挫折，发现生活中的无限乐趣。

甜甜的微笑

小丽，二十出头，高高的个子，她是一家饭馆的迎宾服务员。每天身着与其他饭店迎宾员无异的旗袍，每当有顾客光临或离去，她总会微笑着说“欢迎光临”或“请慢走”之类的话。

也许是人们对迎宾小姐早已司空见惯的缘故，他们要么只顾着和身边的人攀谈，要么就匆匆走过，几乎没有人注意到她的存在。而小丽似乎也习惯了人们的冷落，在没有顾客经过的时候，就收起微笑，面无表情地站着。

小丽的漠然和热闹的氛围形成了巨大的反差，但是，这一切在这一天有了改变。

一天，一个年轻女孩走了出去，小丽的脸上又露出了职业性的微笑。但出乎她意料的，年轻女孩没有像其他客人那样对她视而不见，而是回过头回应了她一个微笑，一个甜甜的微笑。小丽先是愣了一下，但很快地，笑意重新回到她的脸上。不同的是，那笑是如此由衷，如此生动。年轻女孩已走远，但小丽的微笑却依然灿烂。

心灵悟语 有位哲人曾说过："微笑是人类最美的表情。"微笑，蕴涵着丰富的含义，传递着动人的情感。

生活中的你，是否也曾从别人的微笑中感受到尊重、肯定、接纳、关怀、友善……又是否将这种温暖传递下去呢？不要吝惜你的微笑，因为，一个微笑可以消除人与人之间的隔膜，可以拉近两颗心的距离，更可以温暖一颗心。

带着微笑的声音

奇宾·当斯是美国底特律最受欢迎的电台节目主持人之一。

他的节目收听率极高，他的知音不仅遍布底特律地区，而且遍及全美国。

当问到人们为何喜欢收听他的节目时，有的听众说，他的声音带着微笑；也有听众说，我们透过他的声音看到了他的微笑。

曾有听众要求见见当斯，想目睹他的微笑。

结果，这位听众如愿以偿了。当他看到声音、面部微笑如一的当斯时，兴奋地说："当斯，你的微笑和我们听你的广播时所想象的一模一样。"

奇宾·当斯称，这份发自内心的、穿透声音的微笑让他收获了意想不到的快乐。

心灵悟语 微笑是人面部的一种表情，它可以通过声音来传达。

用微笑打开心门

珍妮是个普通的美国女孩，既无背景，也无技术专长。

美国联合航空公司招聘员工，珍妮带着她的微笑走进了面试间。

面试开始了，主考官却是背对着珍妮说话的。珍妮有几分不解，但她还是自信、愉快地回答了所有提问。

最后，主考官转过身来，对她解释道：“要知道，你的工作将是通过电话来完成有关预约、取消、更换或确定飞机航班等事宜。”

主考官背对着珍妮，他并非无视她的存在，而是在体会、感觉她的声音里是否加进了微笑。

答案是肯定的，珍妮被录取了，她用真诚的微笑打开了所有人的心门。

从这以后，通过电话，顾客们感到了珍妮的微笑一直伴随着他们。在这浸润着微笑的声音中，他们开始了愉快的旅程。

心灵悟语 通过声音传达微笑是艺术的。但是，穿透声音的微笑并不是艺术，它是美好心灵的天然反映。

三个卖报的年轻人

以前，有三个卖报的年轻人。他们每个人都有一套属于自己的卖报策略。但其中一人总能最先卖完报纸。事实上，另外两人所处的位置比他优越很多。不过，如果你能够仔细观察他们卖报的方式，就能意识到，那个人的成功与他选择的位置毫无关系。

第一个卖报人，总是站在丁字路口，他永远是一副愁眉苦脸的样子。当乘车人招手索要报纸时，他缓慢地走过去，当顾客刚看清他那招牌式的苦瓜脸时，他已经生硬地将报纸塞进了车窗。如果赶上雨天，则很难觅到他的踪影。一般情况下，雨天买不到他的报纸。人们并不怪罪他，但当人们迫切想买某一份报纸而又无法看到时，人们就难以忍受他这样的工作态度了。所以，后来人们再也不从他那里买报纸了。

第二个卖报人，站在十字路口，红绿灯带给他不少便利。一旦乘车的人被红灯所阻，他就前前后后地在停下的车队旁奔跑着，大声叫喊着他所卖报纸的名字。人们总是试图从他那里买一份报纸，但都未能如愿，因为他总是忙于奔跑，很难锁定他的位置。

第三个卖报人，总是固定地站在繁华街道的中央，双腿略微分开，以保持他的站姿。他的手中拿着几份报纸放在胸前，以便司机和乘客从他身边驶过的时候，能够瞥一眼大字标题。他从来不随着车辆走动，他总是等着他的顾客驶向他的身边。他用使人愉快的“早上好”问候每一个从他身边过去的人，当有人慢下来打算购买报纸时，他的脸上绽放出灿烂的笑容。他友好的态度给人们留下了深刻的印象。每当人们驾车离开时，他会在后面大声说：“谢谢你！祝你有快乐的一天！明天见！”他总是设法在卖出报纸的几秒钟内，把这些话语说得清清楚楚又悦耳动听。

没错，第三个卖报人就是那个总能最先卖完报纸的人，他的成功法则就是——礼貌与微笑。

这一天早上，又下雨了。第一个卖报人不知道躲到哪里去了。第二个卖报人，拿着湿漉漉的报纸继续在车流中来回奔跑。第三个卖报人，依旧站在他的位置上，身穿一件鲜亮的黄色雨衣，胸前的报纸被严严实实地遮挡在透明的塑料布下面，报纸一点没湿，人们仍然能看到醒目的大字标题，更能清晰地看到他脸上洋溢着的灿烂的笑容。

心灵悟语 一个甜美的笑容，一句简短的问候，尽管都是再细微不过的表现，但日久天长，它们所带给你的回报会远远超出你的想象。

微笑是一种特殊的语言

在城市的繁华地带有一家颇具规模的花店，预高薪聘请一位售花小姐。

在招聘广告上，老板并没有写具体的要求。前来应聘的人很多。老板挑来选去，选中了三位，分别试用一星期，然后根据表现决定录用其中的一位。

这三个女孩长得都很漂亮，但是条件各不相同：第一个女孩曾经在别家花店卖过三年的花，很有经验，她觉得这个工作非自己莫属了；第二个女孩是一个刚毕业的学生，因为她是花艺学校毕业的，卖花对她来说，可谓是专业对口了，所以她觉得这个工作是囊中之物了；第三个女人已经是一个女孩儿的妈妈了，她以前在家带孩子，孩子上幼儿园之后，开始出来找工作。她没什么经验，也没有什么理论知识，但是她没有放弃，想试一试。

一个星期的试用开始了，第一个女孩子因为有经验，见到顾客就不停地介绍各类花的花语以及给什么样的人送什么样的花，几乎每一位进花店的顾客，她都能说得让人买去一束或一篮花。一个星期下来，她的成绩非常不错。

第二个女孩子试用时充分利用自己所学的专业知识，从插花的艺术到插花的成本，都精心琢磨。她的专业知识和她的聪明也使得她成绩不斐。

第三个妈妈级的女人在试用时则有点放不开手脚，刚开始甚至还有点手足无措。但是她的脸上经常挂着微笑，从内心到外表都表现出一种对生活、对工作的热忱。一些残花她总舍不得扔掉，而是修剪修剪，免费送给路过花店的小学生，而且每一个买花的顾客，都能得到她一句微笑的甜甜的祝福——“鲜花送人，手有余香”。顾客听了之后，往往都会开心地回应她一笑，然后快乐地离开。

一个星期的试用期结束之后，第三个女人的销售业绩远远比不上前两个女孩，但是老板却毫不犹豫地选择了她。

这位明智的老板认为，用鲜花挣再多的钱也只是有限的，用如花的心情、如花的微笑去挣钱才是无限的。花艺可以慢慢学，经验可以积累，但如花的心情不是学来的，因为这里面包含着一个人的气质、品德和自信……果然，这个女员工在两三个月之后，因为积累的人脉越来越广，有很多回头客，生意越来越好了。

心灵悟语

微笑是一种特殊的语言——情绪语言，它可以和有声语言及行动相配合,起到互补作用，给人以美好的享受。

无论面对任何人，都报以自己真诚的微笑，这样不但能拉近人与人之间的距离，对人产生一种亲和力，还会使你在不经意之间就结成了一张关系网，使自己拥有好人缘。

微笑可以改变命运

如玉大学刚毕业，就在一家四星级涉外大酒店的餐饮部当服务员。如玉非常珍惜这份来之不易的工作，一直表现得很出色。

一天，有个港商模样的人单独要了一间房，他拒绝了其他的一切服务生，指名道姓让如玉为他调送一杯咖啡。

当时，如玉正在为其他几位客人服务，忙得脱不开身，等轮到去港商那里时，已经比他约定的时间迟延了20多分钟。

如玉小心翼翼地把咖啡给他调好送去，面带微笑地说："先生，首先感谢您对我的欣赏和信任。但由于暂时没能抽出身来，耽误了您的时间，我感到非常抱歉！"

然而，这位港商却不领情，把左手一扬，正好碰到如玉双手捧着的咖啡杯，杯里的咖啡溅了如玉一身。可他却视而不见，指了指手表说："你自己看看，几点了？像你这样服务，这还像个四星级酒店吗？"

即便如此，如玉依然全心全意地为这位港商服务，不敢有半点马虎。他要什么就给什么，动作十分麻利，语气也特别温柔。尽管他一点也不合作，摆出一副怒气冲冲、财大气粗、出口伤人的姿态，如玉都毫不介意，始终挂着一脸甜甜的微笑。

他的态度冷漠而傲慢，临走的时候还问："有意见簿吗？"

如玉听了这句话，才有些忐忑不安，如果遭到他的投诉，三个月来的努力就全白费了。

但是，出于职业道德，尽管内心十分委屈，如玉还是表现得非常有礼貌，仍然面带微笑地双手呈上意见簿向港商真诚地说："请允许我为您莅临我们酒店表示感谢，更为我今晚的服务不佳再次表示深深的歉意。您有什么意见和看法尽管写上去，我会欣然接受您的批评。虽然您对我的服务不是很满意，但我希望您是愉快的！"

那位港商听了如玉的话，久久不动。如玉分明看见他冷冷的眼睛里绽出了一丝丝的暖意，但仅在几秒钟后，就消失得无影无踪了。

港商最终还是提起笔写下了他的意见，而且措辞十分严厉，指责如玉笨，素质低，不称职。

如玉欲哭无泪。第二天，也就是试用期的最后一天，餐饮部经理宣布录用员工的名单时，果然没有如玉的名字。如玉满脸通红，心里很委屈，泪水直在眼眶里打转。

然而，就在大家都把目光投向如玉的时候，餐饮部经理又宣读了一份任命书，说是根据酒店总经理的特别提议，任命如玉为餐饮部的领班。

会后，餐饮部经理带如玉去见了酒店总经理。没想到，他就是那晚刁难她的港商。不用说，他一定是听到如玉在酒店里的三个月好评如潮，专门来试探和考验的。

总经理说："虽然你的综合素质表现得很不错，但真正能打动我的，还是你的微笑……"

心灵悟语　如玉一脸甜美灿烂的微笑，带给别人感动和温暖的同时，也给自己带来了幸运，改写了她的人生。可见，真正能打动人的是真诚的微笑。

第五章

闺中密友
——知性女生的“心灵港湾”

1. 珍惜友情

蒙蒙和玉玉

蒙蒙和玉玉是多年的好友。

有一次，两个人约好去海滩旅行，但是，在旅途中两人起了争执，蒙蒙在气头上，还给了玉玉一记耳光。玉玉当时觉得很委屈，一言不语地在沙子上写下："今天我和我的好朋友吵架了，她打了我一巴掌。"

在观光海景后，她们坐上了游轮去对岸观山景，此时两人的怒气还未消退，一路上几乎没有讲话。

到了对岸，她们去爬山，可是，就在爬到半山腰时，玉玉险些失足掉下去，蒙蒙见到朋友遇到了危险，不顾自己安危，立即抓住了玉玉的手。

在蒙蒙的救助下，玉玉才得以化险为夷。被救起后，玉玉用一把尖刀在山石上刻了一行字："在我遇到危险时，好朋友救了我一命。"

蒙蒙好奇地问玉玉："为什么我打了你以后你要写在沙子上，而现在要刻在石头上呢？"

玉玉笑了笑回答说："当被一个朋友伤害时要写在容易忘记的地方，这样风就会很快将它抹去；反之，如果得到了朋友的帮助，就一定要把它刻在难以磨灭的地方，其实就是在心里烙上一个烙印，因为只有这样才能够刻骨铭心。"

心灵悟语 在日常生活中，就算最要好的朋友也会有摩擦，我们也许会因这些摩擦而分开。但每当夜阑人静时，我们望向星空，总会看到过去的美好回忆。每个人都离不开友情，离不开互助，离不开关心，离不开支持。

因为她是我最好的朋友

这是一个发生在越南战争中的故事。

在越南的一个孤儿院里，由于美军飞机的狂轰滥炸，一颗炸弹被扔进了这个孤儿院，几个孩子和一位工作人员被炸死了，还有几个孩子受了伤。其中有一个小女孩流了许多血，伤得很重。

幸运的是，不久后一个红十字会医疗小组来到了这里，小组只有两个人，一个女医生，一个女护士。

女医生很快对伤员进行了急救，但在那个小女孩那里遇到点问题，因为小女孩流了很多血，需要输血，但是她们带来的不多的医疗用品中没有可供使用的血浆。

于是，医生决定就地取材，她给在场的所有人验了血，终于发现有几个孩子的血型和这个小女孩是一样的。

可是，问题又出现了，因为那个医生和护士都是英国人，并且来越南只有短短三个月，因此她们只会说一点点越南语，而在场的孤儿院的工作人员和孩子们只听得懂越南语。于是，女医生尽量用自己会的越南语加上一大堆的手势告诉那几个孩子："你们的朋友伤得很重，她需要血，需要你们给她输血！"

这时，孩子们点了点头，好像听懂了，但眼神里却藏着一丝恐惧。没有人吭声，没有人举手表示自己愿意献血。

医生没有料到会是这样的结果，一下子愣住了：为什么他们不肯献血救自己的朋友呢？难道刚才对他们说的话他们没有听懂吗？

就在这时，一只小手慢慢地举了起来，但是刚刚举到一半却又放下了，好一会儿又举了起来，再也没有放下了。

医生很高兴，马上把那个小女孩带到临时的手术室，让她躺在床上。小女孩僵直地躺在床上，看着针头慢慢地插入自己细小的胳膊，看着自己的血液一点点被抽走，眼泪不知不觉地顺着脸颊流了下来。

医生紧张地问是不是针头弄疼了她，她摇了摇头，但是，眼泪还是没有止住。医生开始有点慌了，因为总觉得有什么地方肯定弄错了，但是到底错在哪里呢？针头是不可能弄伤这个孩子的呀。此时，一个会英语的越南护士赶到了孤儿院。医生把情况告诉了越南护士。越南护士忙弯下身子，和床上的孩子交谈了一下。不久后，孩子竟然破涕为笑。

原来，那些孩子都误解了医生的话，以为医生要抽光自己身上的血去救那个小女孩。那个善良的小女孩也一样，她想到不久以后自己就要死了，就充满了恐惧，所以才哭了出来。

医生终于明白为什么刚才没有人自愿出来献血了，但是她又有一件事不明白了。

“既然以为献过血之后就要死了，为什么她还自愿出来献血呢？”医生问越南护士。

越南护士用越南语问了一下小女孩，她毫不犹豫地回答说：“因为她是我最好的朋友！”

这简简单单的几个字，却感动了在场所有的人。

心灵悟语 在朋友遇到困难、受到挫折时，如果伸出援助之手，帮助对方渡过难关，战胜困难，要比平时赠送名贵礼品有用得多，也牢靠得多。既为朋友，就意味着相互承担着排忧解难、欢乐与共的义务。唯此，友谊才能常存。

最贴心的安慰

这天，楠楠放假在家休息，闲暇时，她打开电脑冲浪，就在这时，她发现了男友写给一个女孩的邮件，里面的字字句句就像刀子一样刺痛了楠楠的心。

男友回到家后，楠楠哭着问："那个女孩是谁？"男友却毫不在意地说："既然被你发现了，我们就只好分手了。"

看着男友冷酷的眼神，听着他绝情的话语，楠楠的心被眼前这个曾经许诺自己"爱你一生一世"的男人撕成了两半。

刹那间，楠楠仿佛听见了心碎的声音。虽然楠楠当时毅然答应了分手，但深陷情网的她却久久摆脱不掉失去爱情的伤痛。

从此以后，楠楠每天与红酒为伴，晚上只能依靠安眠药才能入眠。她把自己完全封闭起来，关掉了手机，拔掉了座机的电话线，不与任何朋友联络。

楠楠的朋友们找不到她，都不知所措。所谓急病乱投医。在毫无办法的情况下，一个好朋友打电话报了警，在警察的帮助下，她们才在楠楠的住处找到了她。当朋友们看到她的时候，她们被眼前一片狼藉的景象惊呆了，再看看楠楠，已经骨瘦如柴，整个人憔悴得不成样子。

询问了事情的来龙去脉，朋友们都不敢相信平时乐观坚强的楠楠会为了一个男人如此糟蹋自己，但是，女人就是脆弱到经受不起任何的考验和打击。

朋友们看着被爱情拖垮的楠楠，心痛不已。于是，她们各自分工，有的去为楠楠收拾房间，有的去给她做饭，有的则坐在旁边安慰她。

时间是治疗伤痛最好的良药。慢慢地，楠楠在朋友的帮助下，情绪明显比以前好了许多。但是，楠楠的心病只能自己来治。所以，她决定离开这个充满伤心回忆的城市，到另一个地方开始新的生活。于是，她到单位办理了辞职手续后，把这个惊人的消息告诉了一直陪伴她的朋友们。朋友们都感到非常震惊，纷纷劝解楠楠，希望她放弃这个想法，能够留下来。但是，楠楠还是坚决要离开。

万般无奈下，朋友们只能和楠楠道珍重。临走之前，楠楠为朋友们送上了分别的礼物，叮嘱大家一定要在她登机后才可以打开。

在飞机场，朋友们来给她送行，几位美丽的女孩子相拥而泣。就在楠楠转身离开后，朋友们打开了礼物，那是一本相册，里面都是楠楠和朋友们一起照的照片，相册中夹着一张字条：姐妹们，虽然我失去了一份爱情，但是我得到了很多份的友情。其实，是我赚了！感谢你们给了我最贴心的安慰……”

心灵悟语 每个人都会有一段痛苦的心路历程，然而只有朋友才是你身心疲惫时的依靠，只有朋友之间的相互牵挂和爱护，才是人世间最难得的情感抚慰，更是人生中最感动的真情流露。

有一句歌词写得好：“千金难买是朋友，以诚相见，心诚则灵……”人生不可能一帆风顺，挫折、困惑是在所难免的。人们落难时正是对周围的人，特别是对朋友的考验。远离而去的人可能从此成为路人，同情、帮助他渡过难关的人，他可能铭记一辈子。

寻觅知音

俞伯牙是春秋战国时期楚国人，曾经在晋国担任大夫。

有一天，俞伯牙在小舟上专心致志地鼓琴，路过这里的钟子期听到优美的琴声，不禁入了迷。

当俞伯牙弹奏出高山流水的音符时，钟子期随吟诵起来：“巍巍乎若泰山，汤汤乎若江河！”

俞伯牙演奏完以后，和钟子期攀谈起来，最后结为兄弟。

然而，当他们约好来年再见的时候，钟子期却因病逝世了。俞伯牙来到钟子期的坟前祭拜后，悲痛万分，竟然摔掉宝琴以答谢钟子期的知音之情。

后人有诗描述：“摔碎瑶琴凤尾寒，子期不在对谁弹？春风满面皆朋友，欲觅知音难上难！”

心灵悟语 我们在一生中要结识无数的人，但是只有少数人成为我们的知心朋友，能够在关键时刻帮助我们渡过难关、倾听我们的心声。通常，能够称得上“知音”的朋友是稀缺的，往往可遇而不可求。所以，在人际交往的过程中，我们要积极发现能和自己进行心灵沟通的那些人，一旦遇到就要加倍珍惜。这样自己的一生才不会有悔恨，才能更加丰富多彩，充满亮丽的光影。

珍贵的友情

王倩倩和刘欣欣是大学同窗，而且还是室友，她们一起走过了人生中最珍贵的青春岁月，一直以为大学毕业后会各奔东西。

不过，两个人却幸运地在同一个城市找到了工作。她们在两个人工作地点的中间位置找了一个出租房重新聚在了一起，仿佛又回到了大学时代。不同的是，现在两个人都有了工作，在一起的时间自然少了很多。

王倩倩朝九晚五，刘欣欣昼夜颠倒，就这样，她们在同一屋檐下平淡地过着各自的生活。不过，就是因为有了彼此的陪伴，才给了对方在这个陌生城市中独自打拼的勇气。

王倩倩是一个大大咧咧的女孩，刘欣欣对她的丢三落四早就习以为常了，比如，她外出吃饭，时常把手机、钱包落在桌上，这很可怕。

不仅如此，王倩倩每天都会贪睡，这个后果就更糟糕了，下了夜班的刘欣欣回去的第一个任务就是叫她起床，而且还要为她挑选当天的“工作服”，当然，还需要准备早餐。这一系列的事情做下来，刘欣欣已经疲惫不堪了。等到王倩倩好不容易出门后，刘欣欣要面对的是那些没有拧好盖子的牙膏、爽肤水、面霜、香水……偶尔，还会从楼上扔下王倩倩忘记带上的钥匙。

刘欣欣有时候会唠叨几句：“不知道是不是我上辈子欠你的，这辈子来给你做免费女佣。”每当这时，王倩倩都会笑着说：“这是本小姐的福气，也是你的福气啊！”每次这样调侃后，两个人都会开心地笑上一会儿。

刘欣欣经常会想，如果王倩倩谈恋爱了，这些毛病不知道会不会改。

没过多久，王倩倩有了男朋友。这时，刘欣欣就增加了一个任务，就是倾听她和男友之间的浪漫爱情故事。

一天，王倩倩要过生日了，刘欣欣精心地为她准备了一桌子的菜肴，还有一个大蛋糕。

王倩倩说："我今天可算是'双喜临门'啊。"

看着刘欣欣不解的表情，王倩倩继续说道："他向我求婚了，下个月我就要搬家了，结婚时你一定要做我的伴娘啊……"刘欣欣听到这个消息也为好姐妹开心。但在一阵嬉闹后，两个人的脑海里都闪现着这段生活中的点点滴滴。她们明白，这一次是真的要分开了。

不舍的泪水中流露出了两个女孩之间这份淡如水的珍贵友情。

心灵悟语 友情虽然不像亲情那样血浓于水，也不像爱情那样热情似火，但它带给我们的温暖和微笑绝不少于亲情，更不亚于爱情。只要你能够认真体会一下，就会发现友情原来是一种别样的幸福。

朋友如钻石

一个二十多岁的年轻人因生意失败而投河，周围有两三百人，其中也不乏认识年轻人的，他们无不着急地跺脚，却想不出一个妥善的办法。

这时一人冲过人群，只听"扑通"一声，那人便跳到水中把年轻人救了起来。

年轻人的父亲赶来后要重金酬谢那位勇士，但他谢绝了，只说了一句话："我是您儿子的朋友。"

心灵悟语 真正的朋友，永远像一枚钻石，越是在我们命运的黑夜，越能给我们带来光芒和希望，照亮我们生命的旅途。

2. 情比金坚

友情需要理解

珍妮是探险队的队长，好友露丝也加入了她的探险队。

一次，她们要去一个峡谷中探险。但是，去那里需要乘飞机飞越一个海峡。准备就绪后，她们与其他三个队友出发了。

露丝很想亲自驾驶飞机，但是珍妮想到她是第一次参加探险任务，缺乏经验，所以还是决定由自己驾机。就在只剩下半个小时就抵达目的地的时候，珍妮突然发现仪表上显示飞机的油料不多了，她判断一定是油箱漏油。

得知这个消息后，飞机上的人一阵惊慌，珍妮说："没关系，我们有降落伞。"接着，她对露丝说，"你不是想体验一下驾驶飞机的感觉吗，来，你来开。"

露丝紧张地接过操纵杆。于是，珍妮把降落伞发给了每一个队友，也在露丝旁边放了一个降落伞的袋子。

在跳伞之前，珍妮对正在驾驶的露丝说："亲爱的露丝，我和队友们先跳了，你在适当的时候再跳吧。"随后，她带着其他队友跳了下去。

此时，油料已经燃尽了，露丝害怕极了，她决定跳伞。于是，她一手抓紧操纵杆，一手去拿旁边的降落伞，但是，让她惊恐的是，袋子里面没有降落伞，只有一件珍妮的衣服。

露丝没有想到在第一次探险的途中就要送了命，更让她伤心的是，好朋友居然会这样对她。

飞机马上就要坠落了。就在这时露丝发现，前面是一片深海，于是她用尽全力拉紧操纵杆，飞机贴着海面，猛地冲了过去，随着剧烈的震动露丝昏了过去。

后来，露丝回到了她们居住的地方，她拎着那个只装着衣服的降落伞袋子，去找珍妮“算账”。

可是，珍妮的家人说珍妮一直没有回来。珍妮的母亲问发生了什么事。露丝一边抖落那个袋子，一边气呼呼地说着事情的经过。

就在珍妮的衣服从袋子中掉出来的时候，露丝看到了一张字条，她打开看到上面七扭八歪的字：露丝，我最好的朋友，飞机下面是鲨鱼区，跳下去必死无疑，如果不跳，飞机很快就会坠海，只有我们跳下去，飞机才会减轻重量，你大胆地往前开吧，我会祝福你的，希望来世我们还能成为好朋友……

看到这里，露丝泪如泉涌！

心灵悟语 为了不让自己苦尝后悔的滋味，不要轻易地误解朋友，而要时时刻刻彼此信任、彼此理解。要知道，真正的朋友不仅会与你分享快乐，更会为你排忧解难，和你患难与共，甚至会为了让你化险为夷而作出牺牲。所以，珍惜身边的每一份友情吧，无论它是不是已经过去，无论它会不会有将来。也许不会天长地久，也许会淡忘，也许会疏远，但却从来都不应该遗忘。

比金钱更恒久的财富

从前，有一个富翁，他一生历经商海沉浮，苦苦打拼，积累了上千万的财富。

有一天，重病缠身的他把十个儿子叫到床前，向他们公布了他的遗产分配方案。

他说：“我一生财产有1000万，你们每人可得100万，但有一个人必须独自拿出十万为我举办丧礼，还要拿出40万元捐给福利院。作为补偿，我可以介绍十个朋友给他。”

他最小的儿子选择了独自为他操办丧礼的方案。于是，富翁把他最好的十个朋友都介绍给了他最小的儿子。

富翁死后，儿子们拿着各自的财产独立生活。由于他们在平时习惯了大手大脚，花钱没有节制。所以，没过几年，爸爸留给他们的那些钱，就所剩无几了。

最小的儿子在自己的账户上更是只剩下最后的1000美元。无奈之时，他想起了爸爸给他介绍的十个朋友，于是决定把他们请来聚餐。朋友们一起开开心心地美餐了一顿之后，说：“在你们十个兄弟当中，你是唯一一个还记得我们的，为感谢你的深厚情谊，我们帮你一把吧！”

于是，他们每个人给了他一头怀有牛犊的母牛和1000美元，还在生意上给了他很多指点。

富翁的小儿子依靠爸爸的老友们的资助，开始步入商界。

多年以后，富翁的小儿子成了一个比他爸爸还要富有的大富豪。并且他一直与他爸爸介绍的这十个朋友保持着密切的联系。

他就是美国巨商——费兰克·梅维尔。

心灵悟语 在这个世界上，金钱能给人一时的快乐和满足，但无法让你一辈子都拥有。而朋友却能给你一生的支持和鼓励，让你终身拥有快乐、温馨和富足。

无论何时，都要记得：朋友比世界上所有的金钱都珍贵，朋友比世界上所有的财富都恒久。好朋友是人生一笔最大的财富，也是一笔最恒久的财富。

为友情埋单

那一年，陈虹考到北京读研的时候，曾经有过犹豫，每年6000元的学费，让陈虹犹豫了许久。最终，强烈的求知欲望让陈虹决定贷款供自己再读三年。

陈虹所在的班级总共十个人，清一色全是女孩。每天上完课，一群女孩最乐意做的，就是聚在一起唧唧喳喳地讨论时尚衣饰、明星运程、旅游名胜。

陈虹喜欢这群热情的女孩，她亦喜欢安静地坐在她们旁边，听她们得意地挑着眉胡吹神侃。

陈虹从没有因为自己经济困窘，而自动地与她们这一群生活优越的女孩分清界限。而她们，也从没有因为陈虹衣着朴素，而不屑与陈虹聊新款的阿迪、耐克。

许多人在校园里看见这样一群女孩子，都会惊叹竟然还有如此心心相印的一群死党。

但陈虹还是在那一年的秋天偶尔感到了一丝想要逃避的凉意。因为陈虹从她们的口中了解到全国各地许多好玩的去处和诱人的小吃。

她们怀揣着诚挚的浪漫，决定在这三年里，将十个人所住的城市，不仅逛遍，而且吃遍。这个决定一出来，陈虹便有些黯然，陈虹不知道如何向她们解释，陈虹从来没有将钱浪费在出行上。况且，每到一个城市，便由“东道主”负责一切旅游费用的豪爽策略，亦是陈虹无法承受的。但陈虹不想扫大家的兴，只好悄无声息地退到一边去，等着她们商量出最终的行程路线后，再找一个合适的理由退出。

后来，她们决定抽签来确定三年的旅游线路。陈虹依然记得那一个秋日的清晨，她们坐在银杏飘香的窗前，等着班长将十张写有数字的纸条揉成一个个小小的纸团。陈虹希望自己能够抽到最后一个，这样，陈虹就可以用三年打工攒下的钱，请这些好姐妹逛一次自己家乡的小镇。尽管那个小镇里没有高楼大厦，也没有长长的购物街，但那里有青山绿水，陈虹可以带她们在小溪旁的绿地上宿营，点起篝火，唱歌或者笑成一团。

可是，陈虹更希望的是自己在抽到后，能够找到一个不伤害彼此感情的理由，做这一梦想的旁观者。因为她在经济上的确有困难。

班长将十个纸团放在桌子中间，接着一伸手，指指坐在身旁的陈虹，笑道：“今天我这班长为自己谋点私利，谁有幸挨在我右边，谁就先抽。”

陈虹看一眼眉飞色舞的班长，笑一声，便将手伸向桌子，又略一停顿，便拿起其中的一个纸团。陈虹刚一拿起，其余九只手便飞快地将纸团全部捏起。陈虹还没有打开，周围的人便高声嚷开了自己的顺序。班长则在一旁，迅速记了下来。大家挤闹成一团，陈虹是最后一个将自己的号码告诉班长的。

事实上，不用说，班长也从记录里断定陈虹是最后一个了。陈虹的确幸运地成了最后一个。陈虹想，三年的时间，足够自己挣一笔路费，请她们去安静的小镇上玩。这应该算是自己回馈给她们这份姐妹情谊最好的礼物了。

陈虹跟着她们，在这三年里，走遍了许多城市，上海、广州、厦门、西安、南京……

每到一个女孩的家乡，她们的父母都会尽最大的热情来招待这一群情同手足的女孩。吃饭、住宿、车票，全都给她们免掉。她们所要做的，就是疯跑遍整个城市，且将它所有的特色之处全部收进记忆的行囊。陈虹在这样的愉快里，总会下意识地摸一摸口袋，那里有陈虹的一张卡，卡中是陈虹一点一点积攒的一笔钱。

陈虹知道，当毕业来临，自己的钱也就够了。三年的时间很快过去了，在这几年里，每一次的集体活动，陈虹都会参加，陈虹都没有为费用而发愁，因为她们有那么多的理由找人埋单。

终于，轮到了陈虹来埋单的最后一次旅行。陈虹将攒好的2000元钱数了又数，知道足够来回的路费了，便微笑着给她们发短信说："我们去做最后一次旅行吧。"

那时的她们，正在为各自的工作四处奔波，但为了这次驶向终点的出行，九个女孩子都从全国各地聚拢了来。

就在出发的前一天，导师突然打电话给陈虹说："你们可真是不讲义气的小女子，这最后一次出行也不邀请我去。"

陈虹呆愣片刻，随即愧疚，说："老师，如果您真能抽出空来跟我们一起去，大家都会高兴坏了呢。"

出行时，女孩子们使出浑身解数让导师开心，导师早知道她们的小心思，于是对她们说："放心吧，我会大方地把没花完的经费拿出来，赞助你们来回路费的。"

一群女子皆哗哗地鼓掌，说："我们替小虹谢谢老师了。"

接着她们一脸羡慕地转向陈虹，说："小虹，到了小镇，你可要好好做一桌家乡菜，感谢我们为你大力拍马屁哦。一车厢的人皆笑，而陈虹却在这突如其来的幸福里，扭头落下了眼泪。

毕业两年后，一次，陈虹偶然在网上看到一个同门师妹的博客，讲起她们这十位姐妹花。直到这时，陈虹才知道，原来她们为她守了一个怎样的秘密：那次抽签，所有的纸条上，都写着"10"。甚至，在最忙的毕业前夕，她们集体去求导师，让他帮忙，给陈虹最后一个免费出行的理由。

三年里，她们究竟为陈虹编下多少个理由，埋了多少次单，陈虹自己都不知道。但此时，她知道，她们为友情埋的单，她一辈子都还不清，她唯有用自己真挚的友情回报她们……

心灵悟语 朋友是我们平时使用最普遍、最得心应手的一个词汇；朋友是你什么时候想用都可以信手拿来的一种称呼，就像你仓库里能储存很久的苹果，只要你需要，就可以拿来享用它；朋友是万事如意时的快乐分享，患难与共时的相依相偎；朋友更是失意迷离时的关怀备至，遭遇困难时的鼎力相助。所谓莫逆之交、患难朋友，往往就是在困难时期产生的，这时形成的友谊是最有价值、最令人珍视的。

让朋友做重要人物

刘嘉在一家公司任职三年了，经历了职场中的风风雨雨。

有一次，新来的刘丽说有一件大事，务必请刘嘉参谋一下。原来，刘丽的弟弟刚参加完高考，想请人指点一下，看报什么志愿好。

刘嘉一听，此事非同小可啊，人家把弟弟的前途都交到咱手里了，自然不能含糊啊。于是，他认真地给刘丽分析了最近几年的就业形势，然后慎重地提了一个建议。

刘丽千恩万谢。从此以后，刘嘉经常为刘丽出谋划策，俨然成了她的军师。两个人彻底成了好朋友，到后来无话不谈。

后来，刘嘉偶然看到美国成功学家卡耐基的一本励志书，其中关于成功之道有这样一段文字："赢得别人好感的方法之一是，请对方帮忙，让对方获得做重要人物的感觉。"

刘嘉看后仔细琢磨，不禁暗暗惊叹，刘丽真是一个聪明的女孩，这个朋友确实值得交。

心灵悟语 按照马斯洛的层次需要理论，每个人都有"自我价值实现"的需要。我们都有这样的体会，当帮助朋友完成一件事后，内心往往充满了成就感、荣誉感。那么，为什么不当一次导演，让朋友获得做重要人物的感觉呢？这样一来，能赢得朋友的好感，拉近彼此的距离，巩固朋友关系。

相信朋友

三国时期，诸葛亮帮助刘备打江山，与曹操和孙权展开了激烈的斗争。而诸葛亮的哥哥诸葛瑾受到孙权礼遇，担任要职，结果引起江东人士的嫉妒，更有人背后说他明保孙权，暗通刘备。

东吴大将陆逊是一个善明是非的人，他看到满城风雨，立刻上书孙权，说诸葛瑾是一个心胸坦荡的忠臣。

孙权听了非常高兴："我知道你和诸葛瑾是好朋友，你能够不听信谗言保荐他，实在难得啊。我也知道诸葛瑾对我一片忠心。希望你们共同辅佐我建立功业。"

陆逊和孙权不听信谗言，显示了朋友的真知灼见，显示了一个君主的知人善任，都是非常可贵的。

心灵悟语 在与人交往的过程中难免会发生一些误会，通常我们只要宽容对方就会化解彼此的恩怨。但是如果我们听信他人的谗言，就可能恶化与朋友的亲密关系，破坏与他人的合作关系，甚至导致双方关系破裂。所以，在涉及对他人的关系评价时，我们要慎思明辨，拒绝听信谗言，要相信自己的朋友。

赢得帮助，收获成功

小邓从一所名牌大学毕业后，考了“托福”和“LSAT”，并收到了美国耶鲁大学法学院的通知书。

学校可以给他提供一部分奖学金，但是他每年还要支付一万五千美元的学费和生活费。尽管到美国后他可以半工半读，解决大部分费用，但是第一年去美国肯定要带上十多万人民币，这对家境并不富裕的他来说简直比登天还难。

不久，小邓在北京参加了一次老乡会，认识了一位在北京做生意的老乡，而且对方是个亿万富翁。

小邓灵机一动，干脆让老乡给自己提供赞助吧。于是他专门到这位老乡家里拜访了两次，并坦诚地和对方谈人生、理想，虚心向老乡请教人生经验。

不知不觉间，就说到了自己去美国读书的事。当知道小邓还面临资金问题时，老乡果断地答应给他提供二十万元，帮助他完成学业。二十万对这位亿万富翁来说是九牛一毛，而对小邓来说可是救命稻草。

小邓答应这钱日后一定归还，并与老乡建立了深厚的友谊。

多年以后，小邓在通用汽车公司法律部担任要职，获得了事业上的成功。

心灵悟语 台湾巨富陈永泰说过：“聪明人都是通过别人的力量，去达到自己的目标。”在茫茫人海中，人们总是寻找朋友，获得心灵的交融和实现个人发展的动力。

第六章

自信坚定
——知性女生的“成功武器”

1. 自我肯定

自信的纸团

一位女歌手第一次登台演出，感觉非常紧张。一想到自己马上就要上场面对上千名观众，她的手心都在冒汗。

“要是在舞台上一紧张忘了歌词怎么办？要是观众不喜欢、不热情怎么办？”越是这样想，她的心跳得越快、越是紧张，甚至产生了打退堂鼓的念头。

这时，一位老前辈笑着走过来，随手将一个纸团塞到她的手里，轻声对她说道：“这里面写着你要唱的歌词，如果你在台上忘了词，就打开来看。”

她紧紧握着这个纸团，像握着一根救命稻草，匆匆上了台。也许有那个纸卷握在手心，她的心里踏实了许多。她在台上发挥得非常好，完全没有失常，观众的反响也很热烈。

演出结束后，她高兴地走下舞台，向那位老前辈致谢。

前辈却笑着说：“是你自己战胜了自己，找回了自信。其实，我给你的只是一张白纸，上面根本没有写什么歌词，不信你打开它看一看。”

女歌手展开手心里的纸团，上面真的一个字都没有。她感到惊讶，自己凭着一张白纸，竟顺利地渡过了难关，获得了演出的成功。

心灵悟语 在人生道路上，你应该握住自信，在困难面前，千万不要怀疑自己的能力，要时刻充满自信，你会发现它比我们能想象到的能力更强大。跨越自卑的心理，才能到达胜利的彼岸。

打造自己的漂亮人生

十六岁时，吴君如在TVB美女如云的第十二期训练班里资质平平，于是，她选择甘当绿叶，傍着班上最漂亮的女同学曾华倩，什么事也少不了她的份儿，位列“八仙女”之一。

在电视台演了几年戏无法上位，濒临雪藏，吴君如便狠下心增肥长肉，成为与周星驰合作最多的女明星。然后成为王晶的爱将。电影市场不景气，她马上转投广播界女强人俞铮，成为热门电台主持人，就算被传断背也无所畏惧。再后来，泊到陈可辛这个码头，与之谈恋爱九年，夺取影后，赶紧生儿育女，人生、事业都算是修得正果。

最风光的时候，她却急流勇退，宣布暂停节目要回家生孩子。做足贤妻良母的同时，也间接保持了节目的新鲜感，让观众心痒难耐，引颈期盼明年她的复出。

吴君如的人生格言是：不要和成功人士争论，人家成功总有道理，他身上有一百分，给你学到五十分，你就了不得了。

有人这样评论吴君如的演艺人生：二十年前，吴君如曾是香港最热门的艺人，开创一代女丑天下；二十年后，吴君如仍然是香港最热门的艺人，她主持的清谈节目《星星同学会》一直左右着娱乐进程。

一个人红足二十年是有道理的，刘德华靠勤奋，梁朝伟靠演技，而吴君如靠的则是她杰出的自信心。她凭借这种自信，打造了属于自己的漂亮人生。

心灵悟语 “爱美之心人皆有之”，这句话是有道理的。如果你是一个拥有爱美之心，却力不从心的女生，也不要为此而自卑，因为人的容貌只是一种表象，只要你的内心是美丽的、自信的，你仍然能够通过自己的努力打造出属于自己的漂亮人生。

自信的女孩最美丽

玛雅是个非常可爱的女孩，但是她从小就很胖，因此一直很自卑，女孩子的自尊心让她变得十分腼腆甚至有些敏感。

她的母亲是一个很古板的人，对于孩子的衣服是否漂亮，孩子是否喜欢并不在意，她常常教育玛雅："衣服只要穿着宽松就好，太瘦的衣服会让人觉得像要马上撕裂。"

因为母亲的话，玛雅变得十分孤僻，因为她觉得自己和别人不一样，她害怕别人看自己的眼光，她认为每个人都讨厌自己。

日子就这样过去，并没有人对玛雅的性格有什么异议，他们只是认为她很内向。

后来，玛雅嫁给了一个比她大好几岁的男人，她的丈夫是一个很随和的人，一家人也都很喜欢玛雅，处处关心她，但是她依然没有改变。她为自己的孤僻而苦恼，竭尽全力想要融入他们，但是她做不到。

她开始变得害怕与人交流，她试图躲开所有的人，甚至害怕见到他们。情况简直太糟糕了，一个小小的门铃声也会让她惊跳起来，跑到房间里将自己反锁起来。玛雅很难过，她认为自己是个不正常的女人，更不配做一个好妻子。

她害怕如果有一天她的丈夫发现她不是那种人们都喜欢的女人，该怎么办。于是每当和丈夫出席公共场合的时候她就装出一副很开心的样子，但每次都弄巧成拙，反而让大家更尴尬。她几乎要疯掉了，尽管丈夫并不介意她是什么样子，她就是不能原谅自己，每天在脑海中回想自己的糗相，几乎难过得要自杀。

后来，一个很偶然的机会，她听到自己的婆婆正在和隔壁的邻居大谈教育经。她说："不管经历什么，我都会要求他们保持自己的本色。"

"保持自己的本色！"是的，就是这句话，让玛雅在刹那间解开了一直以来困扰她的心结。快乐其实很简单，那就是充满自信，用自己的方式生活。

从那以后，玛雅就像变了个人，她通过朋友的帮助分析自己的个性，扬长避短，衣着和言行上都有了很大的改变，她开始尝试不同风格的衣服，只要适合自己的就是好的。

为了让自己更趋于完美，她主动去结交朋友，和大家组织社会活动，甚至还充当了演讲者，她从来不知道原来自己可以做得这么棒。每在公众面前演讲一次，她就找回一些自信，这真是前所未有的改变，玛雅的美好生活真正开始了。

心灵悟语 在我们每个人成长的过程中，自卑都是最大的障碍。因为完美的人是不存在的，只不过有人在自卑面前选择了逃避，而有人则选择了找回自我。玛雅正是因为找回了自我，看到了自己的优点，才重新赢回了自信。无论何时，你都要记得——自信的女孩最美丽！

奇 迹

19世纪末，瑞典的一个富贵人家生下了一个女儿。然而不久，孩子罹患了一种无法解释的瘫痪症，丧失了走路的能力。

有一次，女孩和家人一起乘船旅行。船长的太太告诉孩子船长有一只天堂鸟，女孩被这只鸟的描述迷住了，很想亲自看一看。

于是，保姆把孩子留在甲板上，自己去找船长。女孩耐不住性子等待，她要求船上的服务生立即带她去看天堂鸟。

服务生并不知道她的腿不能走路，而只顾带着她一道去看那只美丽的小鸟。

就在这时，奇迹发生了，孩子因为过度的渴望，竟忘我地拉住服务生的手，慢慢地走了起来。

从此，女孩的病便痊愈了。女孩长大后，又忘我地投入到文学创作中，后来成为第一位荣获诺贝尔文学奖的女性，她就是西尔玛·拉格萝芙。

心灵悟语 每个人都有自己的潜能，而这种潜能只能在你自我肯定的情况下，才能释放出最大的能量。可以说，自我肯定是走向成功的一条捷径。、

你是最伟大的

有一只小猫在晒太阳。那只小猫对太阳说：“太阳，你真伟大，你让我感受到了温暖。”

太阳说：“我才不伟大呢，你看见云了吗？它就能把我挡住。”

于是小猫对云说：“云，你是这个世界上最伟大的。”

云说：“我才不伟大呢，风才伟大呢，它可以轻易地把我吹走！”

小猫又对风说：“风，原来你是最伟大的。”

风对小猫说：“我不是，你看见你下面那堵墙了吗？不管多大的风到它那都会停下来的。”

小猫转过头对墙说：“原来你是最伟大的。”

墙对小猫说：“我也不是最伟大的，你看我很壮实，其实我的底部都被老鼠掏空了。老鼠才是最伟大的！”

小猫来到老鼠洞口，对老鼠说：“原来你才是最伟大的！”

老鼠战战兢兢地说：“我？别开玩笑了。你老人家在洞口晒太阳，我们一家好几十口都饿着呢。你才是最伟大的。”

小猫这才恍然大悟，原来自己一味地去追寻最伟大的东西，却忽略了自己，原来在自己的世界里，自己才是最伟大的！

心灵悟语 不管你遇到多么强劲的对手，都不要急于自我否定，你应该把与对手竞争当做测试自己能力的途径，告诉自己：“我是最伟大的。”

相信自己才能创造奇迹

弗洛伦丝·查德威克是世界著名游泳健将，曾经创造了横渡英吉利海峡的记录。

1952年，她决定从卡德林那岛游向加利福尼亚海岸，从而获得一种自我超越。然而这种努力一波三折，原来弗洛伦丝第一次向目标冲击时遭遇了失败。

当时，弗洛伦丝已经靠近加利福尼亚海岸，但是在海水里泡了16个小时的她已经冻得嘴唇发紫，全身更是不停地颤抖。特别是前方还出现了茫茫雾霭，弗洛伦丝很难辨认方向，最后她向跟随自己的小艇求救，要求放弃这次行动。尽管大家鼓励她不要向失败低头，但是弗洛伦丝还是放弃了最后一英里的距离。

事后，弗洛伦丝认为是大雾导致了她的不自信，阻止了她夺取最后的胜利。她甚至认为，如果自己看到了陆地，一定能够坚持游到终点。

有了第一次失败的教训，弗洛伦丝意识到自信的重要性，只要我们内心不迷惑，始终充满自信，外在的力量是无法挫败我们的。

几个月后，弗洛伦丝再次尝试游向加利福尼亚海岸，尽管浓雾依然存在，海水依然冰凉刺骨，但是她在信念的引导下获得了成功，实现了自己的夙愿。

心灵悟语 自信是一种可贵的品质，它帮助我们勇敢面对生活的挑战、解决各种难题，是获取成功的催化剂。相信自己能够成功，这是我们获得突破、创造奇迹的法宝。在一个人成长的道路上，具备自信的心态就能使自己进入良性发展的状态,这也是迈向成功的第一步。

2. 追逐梦想

用信念成就梦想

在1967年的一次跳水事故中，她身负重伤，除了脖子未受伤之外，全身瘫痪。在那个时候，她哭了，绝望了，因为她无法接受这个残酷的现实。

出院后，她让家人把她推到跳水池旁。她注视着那蓝盈盈的水波，仰望那高高的跳台，一想到再也不能站立在那洁白的跳板上了，再也无法融入到那蓝盈盈的水波中了，她忍不住偷偷地哭了起来。

从此，她被迫结束了自己的跳水生涯，那条通向跳水冠军领奖台的路上再也看不见她的身影。

虽然她一度绝望过，不过她的心中还有信念——坚持自己的梦想。

于是，她拒绝了死神的召唤，开始冷静地思索人生的价值和生命的意义。她借阅了许多关于励志以及前人如何成功方面的书籍。

然而，即使是翻阅书籍，对她来讲都是一种奢望，因为她的双臂也是瘫痪的。所以，她只能靠嘴衔根小竹片去翻书。她认认真真地用心去读每一本书，去感悟书中的真谛。

终于有一天，她的心豁然开朗：我的身体是残疾了，但是我的心没有残疾，我还有信念！许多人残疾以后，却在另外一条道路上获得了成功，他们有的发明了盲文，有的成了作家，有的创造出美妙的乐曲，我为什么不能让我的跳水梦想重生呢？

于是，她开始好好地审视自己，她想起来自己除了喜欢跳水之外，对画画也很感兴趣。为什么不能在画画方面有所成就呢？

想到这里，这位纤弱的姑娘变得更加自信，更加坚强。她让家人翻出了自己了中学时代曾经用过的画笔，用嘴衔着，开始练习画画。

我们可以想象，对于全身瘫痪的她来讲，这是一个多么艰辛和痛苦的过程。

起初，她用嘴画画的想法让家里人难于接受。因为家人担心她如果不成功会更伤心，纷纷劝阻她："孩子，别那么折磨自己了，用嘴画画怎么可能？我们会养活你的。"

可是，家人的话不但没有打消她的热情，反而激起了她学画的决心，她更加刻苦了，常常累得头晕目眩，汗水把双眼弄得又辣又痛，甚至有时委屈的泪水把画纸也浸湿了。为了积累素材，她还常常乘车外出，拜访艺术大师。

多年后，她的辛勤付出终于有了回报，她的一幅风景油画在一次画展上展出后得到美术界的如潮好评。

随后，她开始投入文学创作，她的《再前进一步》一书出版后，轰动了整个文坛。该书以她的亲身经历向身患残疾的朋友讲述了应该怎样战胜病痛，如何立志成才。后来，这本书被搬上了银幕，影片的主角由她自己饰演，她成了千千万万个青年尊崇的偶像和学习的榜样，她坚持梦想的精神鼓舞了每一个人。

她就是美国跳水运动员——乔妮·埃里克森。

心灵悟语　生活中有太多的风风雨雨需要我们去面对，只要你能够坚持自己的信念，就能够守得云开见月明，因为风雨后，等待你的是美丽的彩虹。所以，无论遇到多大的困难，我们都要心怀希望和信念，就像乔妮一样，用自己的信念成就自己的梦想，让自己再次以成功的形象站在了世人面前，这种可贵的精神令人称赞。

我的梦想

1990年，17岁的菲菲初中毕业了。因为姐姐江菊和妹妹江萍分别还在上高中和小学，家里经济本来就很拮据，菲菲不忍看到父母那么辛劳，毅然放弃了继续上学的机会，回家帮父母种田。

1994年底，菲菲到本地一家“家庭工厂”打工。这家工厂的老板是个小伙子，其父母一眼就相中了聪明能干的菲菲，心想这样的儿媳上哪儿找。老板色由心生，趁无他人之时一把搂住菲菲，欲行不轨。

菲菲极力反抗，终于挣脱了魔爪。本以为老板的父母会管教一下无耻孽子，没想到他们却对菲菲恶语相向，说了句“一个农家丫头，还有什么愿意不愿意的？不是长得漂亮一点，你就是白送给我们，我们还不要呢”。

就这样，菲菲的内心受到了巨大的伤痛。试想一个纯真女孩怎么受得了如此的侮辱与不公。

第二天，她怀揣着这两年父母为她积攒的两百多块钱，泪眼汪汪地辞别父母外出打工。从家里到乡汽车小站十多里山路，母亲帮她背着一个破布包，一路哭泣。

在古城安庆，菲菲拎着破布包，一个人在涛涛长江边徘徊。昨天想了一晚上也没想好干什么。但是满街的水果、布匹、毛线、小商品、蔬菜、禽畜和饮食生意却吸引了她的目光：我为什么不能也像他们一样自己做生意呢？

但是，面对这些生意，她又一窍不通。看着天色渐渐暗淡，肚子也实在饿得撑不住了，菲菲才买了两个冷馒头，一边啃一边找便宜的旅店。这样忍饥挨饿了好几天，菲菲刚开始来的一点激情差不多已经被无情的现实磨光了。

一天傍晚，已经形如乞丐的菲菲在大街上漫无目的地走着。一位骑自行车的人擦着她的身子过去时，菲菲看见了自行车后面的一袋大米，顿时眼睛一亮，心里有了主意：我何不就在这里卖大米？

菲菲也顾不得那么多了，一口气跑到了批发市场，一头钻进一家粮行就和老板“谈判”。

她终于和一个同是桐城的中年女老板达成了协议：没有底薪，女老板供她住宿，菲菲用现金以批发价进货，每天推三轮车出去卖。当下她就掏出一百多块钱，连买带赊装了几袋大米，推着粮行里的那辆破旧的三轮车急急忙忙地出了门。看到菲菲推着空车回到粮行，女老板喜出望外，自己不但卖出了不少大米，还不花分文雇了一个能干的业务员。当天女老板就为菲菲安排了住处。

从此，菲菲就在这里安顿了下来，每天天一亮她就踩着车子送米送油，一个一个小区送货上门，又通过老客户向周边辐射。

第一个月，她就挣了一千块钱。经过一年多的打拼，她除了不停地汇款回家，身边还积攒了五千多元钱。就是这五千元钱，成就了她以后一次又一次不断做大生意的梦想。

一天，菲菲在给一个客户送大米时摔倒了，双膝跪地，身子扑倒在楼梯间，两袋几十公斤重的大米压在她身上，脸上、手上、脚上多处受伤，血流不止。那天晚上，菲菲回到住处时就想：我这样不停地送下去，有什么出路啊？现在我还年轻，有的是力气，要是我身体不好了呢？不行，我得创业，自己当老板！

1997年，菲菲终于在石化住宅区谈妥了一个门面房，开始做粮油生意。如今，她已经是一个七家粮油店的老板了，真的实现了自己的梦想。

心灵悟语 一个没有信念，或者不坚持信念的人，只能平庸地度过一生；而一个坚持自己信念的人，永远也不会被困难击倒。因为信念的力量是惊人的，它可以改变恶劣的现状，形成令人难以置信的圆满结局。

从应征到晋升

一位女硕士来到南方求职，她将文凭揣在包里。

她站在一家五星级大宾馆里应聘时，只说：“29岁，高中毕业，应征客房服务员。”

她应征上了。后来由于工作努力，特别是外语好，她当上了领班，月薪2000元。一天深夜，她正在值班，突然来了一个台湾商贸团，但是她发现了地毯上有一大片污迹，请人洗已经来不及了，本不是领班干的活，她跪在地上毫不犹豫地干起来。

另一位领班要拉她起来："我们是领班啊！"她甩开她的手，说："我们也是从服务员干起来的，这关系到酒店的荣誉。"

她像机器人似的狂干了10分钟，当她爬起来时，膝盖处的丝袜已经被磨破了。顾不得稍作整理，她便急忙指挥女孩子们收拾好残局，大门外的迎宾小姐已经笑颜似花地迎接客人们。

第三天，她被提升为行政助理。因为她昨天的行为被宾馆经理全看见了。升职后，由于她工作认真，管理有方，不久，宾馆又给了她一次到美国总部培训的机会。

心灵悟语 日本京瓷公司创始人稻盛和夫说："宏伟的事业，只有靠实实在在的、微不足道的一步步积累，才能获得成功。"不要对职业太在意，真正重要的是你踏踏实实地工作，一步一步地坚定地往前走。白领并不那么难当，关键看你有没有准备。只要你准备充分，不以一种过度的欲望去追求，那么希望的职位一定会来到你面前的。

不要轻易说失败

小桃高中毕业后没有考上大学，被安排在本村的小学教书，结果，不到一星期就回了家。母亲安慰她："满肚子的东西，有的人倒得出来，有的人倒不出来，你不会教书不要紧，也许有更合适的事情等着你去做。"

后来，小桃先后当过纺织工，干过市场管理员，做过会计，但是无一例外都半途而废了。

但是，每次小桃失败回到家后，母亲都会安慰她说："不要轻易说失败，因为成功是无数个失败积累出来的。"

小桃听了母亲的话，有所觉悟，她决定要自己做出点成绩。

结果，30岁的时候，小桃做了聋哑学校的一名辅导员，后来又开办了一所自己的残障学校，并且在许多城市开办了残障人用品连锁店，有了自己的一片天地。

心灵悟语 一块地，不适合种麦子，可以试试种豆子；豆子也种不好的话，可以种瓜果；瓜果也种不好的话，也许能种荞麦。终归会有一粒种子适合它，也总会有属于它的一份收成。所以，不要轻易说失败，要对自己充满信心，勇敢迎接各种挑战，这样才会打造出属于自己的一片天空。

应 聘

王玉辰毕业于某名牌大学，虽然她相貌并不出众，但是心气比较高，求职时专门找好公司、大公司去应聘。

经过仔细斟酌，王玉辰挑选了一家香港公司，月薪2.5万港币。作好各种准备后，她穿了一套很漂亮的衣服，准时前去应聘。

面试的地点安排在宾馆，来面试的人非常多，大家都排在房间的外面，房间的门大开着。

王玉辰心想，里面的人应该就是主考官了，于是，她向屋里望了望，里面的三个人，一个人坐在椅子上抽烟，一个人歪在沙发上看电视，另外一位干脆躺在床上看报纸。这样的情景让她感到很意外，这根本就不像在面试。

就在这个时候，抽烟的人说他们公司的招聘是在明天，于是有一大半人转身就走了。王玉辰想了一下发现没有记错应聘时间，笑着对那个抽烟的人说："您好，我是来面试的，来之前我核对了面试的时间和地点，我没有记错。"

这时，那个看报纸的人接着说道："你们走错房间了。"一句话后剩下的一半人里又走了一大批。

王玉辰也想跟着他们一起出去，但转念一想地址没错，于是又回来找他们理论，看报纸的那个人不耐烦地说："我们的招聘早就结束了。"

话音一落，连王玉辰身边仅剩的两个人也走了。而王玉辰还是没有走，她对那三个人说："三位先生，不论你们的公司需不需要我去工作，但是我来了，我一定要把自己介绍给你们。你们不能用这种态度来对待我们应聘者。"

王玉辰的话音刚落，只见那三个人一下子从各自的位子上跳了起来说："小姐，我们就要你了。"

原来，这是三个主考官特别的招聘方式——在不考虑应聘者能力的前提下，考验一下他们的自信心。

由于来面试的人很多，其中一定不乏能力出色者，但绝大多数人却会在这种情况下选择离开，轻易放弃机会，这表明他们没有足够的自信来挑战自我。

招聘方很清楚，对于一个没有自信的人来说，无论他的能力多么强，也不可能在工作中开拓创新，取得成绩。

王玉辰能够在各种阻碍下坚持到底，正是彰显了她的自信，这就是她求职成功的关键所在。

心灵悟语 任何时候自信都是最重要的，一个自信的人会勇敢地面对一切挑战，而不是随时为自己寻找逃跑的借口。在王玉辰的身上，我们清楚地看到了自信的力量。

曾经有悲观主义哲学家说："我们出生时之所以哇哇大哭，是因为我们预知到生命必然充满痛苦，迎接新生命到来的成人之所以满心欢喜，是因为世间又多了一个人来分担他们的苦难。"人生是苦是甜，都是我们内心的感受，一切都得靠我们亲自体验。比如挫折，或许遭遇之时会让我们感到痛苦，但正因为有了它，我们才能更加坚强、勇敢。

发掘你的潜力

1844年，海因茨出生于匹兹堡。这个德国移民的长子，是天生的推销员。

12岁时，海因茨就向邻居兜售新鲜蔬菜。几年后，他跟随父亲做砖头生意，晚上仍继续卖蔬菜。

他结婚后，与一位朋友约翰·诺伯勒在夏普斯伯格成立了一家公司，公司的第一批产品是海因茨的母亲做的辣根。他们用干净的玻璃瓶装辣根，以突出其纯度。尽管公司在当地创出了一定的知名度，但还是于1875年破产了。

一年后，他和弟弟及堂弟，重新组建了F & J 海因茨公司，销售番茄酱等新产品。三人在费城设立了分公司。

不久，业务拓展到伦敦。1888年，海因茨收购了其他两个合伙人的股份，将公司易名为现在为人们所熟悉的海因茨公司。他非常勤奋，人们常能看到他赶着马车亲自送货，人们戏称之为“海因茨急送”。

海因茨沿阿勒格尼河建造了一座先进的加工厂，添加了果酱、果冻、醋和其他调味品。产品的选材考究，制作过程非常洁净。该加工厂被认为是目前同类工厂中最好的。

20世纪初，海因茨公司的产品种类已超过200种，业务拓展到了欧洲、非洲、澳大利亚、南美洲及亚洲。

20世纪60年代，公司收购了金枪鱼公司和冻西红柿公司，开始多元化发展。在公司成立100周年时，又添加了猫食品。

不久以后，海因茨公司又收购了国际重量监督公司。

如今，海因茨公司产品已经拓展至200多个国家，产品超过5700种，年销售额达93亿美元，员工人数达4.05万。公司近70%的销售额来自多元化产品。

心灵悟语 海茵茨说过：“如果你能发掘自己的潜能，那么你的力量将会是无穷的。”追逐梦想，想要建立宏伟的事业，只有靠实实在在的、微不足道的一步步的积累，同时不断地挖掘自己的无限潜能，这样才能获取成功。

3. 坚持到底

成功贵在坚持不懈

1987年，她14岁，在湖南益阳的一个小镇卖茶，1毛钱一杯。因为她的茶杯比别人的大一号，所以卖得最快，那时，她总是快乐地忙碌着。

1990年，她17岁，她把卖茶的摊点搬到了益阳市，并且改卖当地特有的“擂茶”。擂茶制作比较麻烦，但也卖得起价钱。那时，她做起生意来总是忙忙碌碌。

1993年，她20岁，仍在卖茶，不过卖的地点又变了，在省城长沙，摊点也变成了小店面。客人进门后，必能品尝到热乎乎的香茶，在尽情享用后，他们或多或少会再掏钱拎上一两袋茶叶。

1997年，她24岁，长达10年的光阴，她始终在茶叶与茶水间滚打。这时，她已经拥有37家茶庄，遍布长沙、西安、深圳、上海等地。福建安溪、浙江杭州的茶商们一提起她的名字，莫不竖起大拇指。

2003年，她30岁，她的最大梦想实现了。“在本来习惯于喝咖啡的地方，也有洋溢着茶叶清香的茶庄出现，那就是我开的……”说这句话的时候，她已经把茶庄开到了香港和新加坡。

她就是孟乔波。

心灵悟语　骐骥一跃，不能十步；驽马十驾，功在不舍。同样，成功的秘诀不在于一蹴而就，而在于你是否能够持之以恒。

坚持的回报

古希腊有这样一个故事：

大哲学家苏格拉底收了一批学生，开学第一天，他对学生说："今天咱们只学一件最简单也是最容易做的事，每人把胳膊尽量往前甩。"苏格拉底示范了一遍，然后命每人每天做300下。

学生们见了，哄堂大笑起来，他们觉得这个动作太简单了，轻松就能完成。

过了一个月，苏格拉底开始检查"作业"，他问学生："我要求每人每天甩300下，哪些同学坚持了？"90%的同学都举起了手。

又过了一个月，苏格拉底又问，这回，坚持下来的学生只剩下八成。

一年后，苏格拉底再一次问大家："请告诉我，最简单的甩手运动，还有哪几位同学坚持了？"这时，整个教室里只有一人举起了手，这个学生就是后来成为古希腊另一位大哲学家的柏拉图。

心灵悟语 巴斯德有句名言："告诉你使我达到目标的奥秘吧，我唯一的力量就是我的坚持精神。"任何伟大的事业，成于坚持不懈，毁于半途而废。其实，世间最容易的事是坚持，最难的也是坚持。说它容易，是因为只要愿意，人人都能做到；说它难，是因为能真正坚持下来的，终究只是少数人。

明天会更美好

她从小就热爱英国文学，热爱写作和讲故事，而且她从来没有放弃过。

大学时，她主修法语。毕业后，她只身前往葡萄牙发展，随即和当地的一位记者坠入情网，并结婚。不幸的是，这段婚姻来得快去得也快。婚后，丈夫的本来面目暴露无遗，他殴打她，并不顾她的哀求将她赶出家门。

没过多久，她便带着3个月大的女儿杰西卡回到了英国，栖身于爱丁堡一间没有暖气的小公寓里。丈夫离她而去，工作没有了，居无定所，身无分文，再加上嗷嗷待哺的女儿，她一下子变得穷困潦倒。

她不得不靠救济金生活，经常是女儿吃饱了，她还饿着肚子。但是，家庭和事业的失败并没有打消她写作的积极性，用她自己的话说："或许是为了完成多年的梦想，或许是为了排遣心中的不快，也或许是为了每晚能把自己编的故事讲给女儿听。"

她成天不停地写呀写，有时为了省钱省电，她甚至待在咖啡馆里写上一天。就这样，在女儿的哭叫声中，她的第一本《哈利·波特》诞生了，并创造了出版界奇迹，她的作品被翻译成35种语言在115个国家和地区发行，引起了全世界的轰动。

她就是大编剧、英国最富有的女人——J. K. 罗琳，她所拥有的财富甚至比英国女王的还要多。

心灵悟语 罗琳从来没有远离过自己的信念，并用她的智慧与执著赢回了巨大的财富。即使她的生活艰难，她依然相信明天会更美好，也坚信有一天，她必定会达到事业的顶峰。

每个人都希望有一天能飞黄腾达，都希望能登上人生之巅，享受随之而来的丰硕果实。遗憾的是，人们往往坚守不住自己的信念。

再努力一次

有一对从农村来城里打工的姐妹，姐姐叫马莉莉，妹妹叫马涓涓，她们几经周折才被一家礼品公司招聘为业务员。

起初，她们没有固定的客户，每天只能提着沉重的钟表、影集、茶杯、台灯等各种工艺品的样品，沿着城市的大街小巷去寻找买主。

五个多月过去了，她们跑断了腿，磨破了嘴，仍然到处碰壁，连一个钥匙链也没有推销出去。无数次的失望磨掉了马涓涓最后的耐心，她向马莉莉提出两个人一起辞职，重找出路。

马莉莉对妹妹说："万事开头难，再坚持一阵，兴许下一次就有收获。”

马涓涓不顾马莉莉的挽留，毅然告别了那家公司。

第二天，姐妹俩一同出门。马涓涓按照招聘广告的指引到处找工作，马莉莉依然提着样品四处寻找客户。

那天晚上，两个人回到出租屋时却是两种心境：马涓涓求职无功而返，马莉莉却拿回了推销生涯的第一张订单。

一家马莉莉四次登门过的公司要召开一个大型会议，向她订购250套精美的工艺品作为与会代表的纪念品，总价值20多万元。

马莉莉因此拿到了两万元的提成，淘到了打工生涯的第一桶金。从此，马莉莉的业绩不断攀升，订单一个接一个而来。

六年过去了，马莉莉不仅拥有了汽车，还拥有了100多平方米的住房和自己的礼品公司。而马涓涓的工作却走马灯似的换着，连穿衣吃饭都要靠马莉莉资助。

马涓涓向马莉莉请教成功真谛。马莉莉说：“其实，我成功的全部秘诀就在于我比你多了一次努力。”

心灵悟语 当你遇到困难时，不要轻易放弃，也许你就差一次努力，就能够与成功牵手。有时失败只是差一次努力，就如故事中的姐妹俩，她们原本天赋相当，机遇相同，但她们却走上了迥然不同的人生之路。由于妹妹马涓涓没有像姐姐马莉莉那样多一次努力，所以成功远离了她。

坚持到底才能胜利

华华是一个聪明而开朗的女孩子，大学毕业后，她选择了当老师。她觉得整天跟学生在一起，是非常快乐的。

可是，进了学校之后，她发现一切并不像自己所想的那样。学校对老师要求很严，着装不能太前卫，说话也有讲究。老师要按时备课，还要管理班级。两年下来，华华都在重复讲同样的课，每天就是那些事，她觉得太枯躁了，一想到一辈子就这么过下去，她再也忍受不了，于是辞职到外面打工。

在找工作时，华华看到大街上五光十色的广告牌，觉得如果做这样的工作，每天都有新创意，肯定会很有意思，于是她就到一家广告公司工作。

过了半年后，她又受不了了。因为广告做出来看着很好看，可是创意过程太难了，有时候脑袋都想炸了，也想不出一个好点子。整天就坐在办公室里想，或者接触各种广告，连休息和旅游的时间都没有，于是她决定再次跳槽。

这一回，华华又觉得做文秘挺好，可以陪老板出席各种各样的场合，见到各种各样的人，而且，还可以出差到外地，连旅游都有了。可是文秘做了半年之后，她又觉得枯燥乏味了，她觉得每天要面对那些固定的文件和一些程式化的工作，一点乐趣都没有了。于是，她决定再换工作。

华华就这样在不同行业的工作岗位上跳来跳去。十多年过去了，回头来看，当年一起在学校工作过的同事有的当上了教导主任，有的被评上了优秀教师；一起做过广告的同事有的当上了创意总监，有的自己开了广告公司；做秘书时的同事有的已经升职为经理。可是她仍然没有找到自己感兴趣的、能让自己坚持一直做下去的工作，就连手头正在做的工作，她也打算辞了重换。

华华感到疲惫不堪，放假期间，她回老家去看爷爷。爷爷是一个老技术工人，退休在家，却还在翻着机械的书，一直在学习着。

这天上午，有一家重型机械厂来车把爷爷接走了，因为厂里遇到一个技术难题，没有人能解决。

直到天黑时，厂长亲自把爷爷送到家里，大发感慨地说道："看，遇到问题还要麻烦您老出山，现在的年轻人啊，都是坐不住的人，理论一套一套的，一到关键时刻就不行了。"

华华不知道爷爷为什么在这样一个岗位上坚持了这么多年，而且退了休了还不想放弃，于是问爷爷："您怎么会在一个岗位上做了一辈子呢？多枯燥呀！"

爷爷回答道："任何工作，只要你熟悉了之后，都会觉得没有新鲜感了，不快乐了。这个时候你要追求成功之后带来的快乐，这叫延时享乐。像我，把一个机器修好了，我就感觉快乐了。虽然修的过程是非常辛苦和枯躁的，但是一旦修好了，那些辛苦都值得了。你们做事，可千万不能想一边工作一边快乐，没新鲜感就不做了，一定要坚持住，学会把冷板凳坐热。”

华华知道，虽然爷爷只读过小学，但这并没有妨碍他成为名副其实的十级车工，成为那家国有大型企业几代人敬佩的“高工”。他取得如此成就的最大秘诀就是这句话——把冷板凳坐热。

华华决心按这个标准来要求自己，不再惧怕枯躁和烦闷，重新回到公司后，她不再抱怨遇到的工作中的乏味和枯躁，只是埋头拼命工作，极有耐心地做好手头的每一件事情，把领导交给自己的工作完成得很出色。半年之后，她就得到了提升。

心灵悟语 在不能立刻得到别人欣赏和肯定、不能立刻见到自己的成就时，也要坚持一下，或许有更大的成就在等着自己。其实，很多人的成功，不在于他们有多聪明，而在于他们能坚持，能把枯躁的事坚持做下来。

坚持战斗才能超越自我

齐奥尔科夫斯基是前苏联著名科学家，他出生在俄国一个贫寒的森林守护人之家，从小就梦想在星际航行。为此，他奋斗了一生。

23岁时，齐奥尔科夫斯基在一所中学教授物理和几何知识，同时他还花费了很多的时间和精力进行气体运动理论的研究，并写出了许多有见地的论文。

尽管自己不具备进行这种高科技研究的条件，但是他凭借坚强的意志和勤奋努力，出人意料地完成了全金属飞艇和星际火箭等设计工作。

飞天的梦想虽然很美好，但实现的过程却充满了艰辛和挑战。

齐奥尔科夫斯基不断遭到周围人的鄙视，甚至有人骂他是疯子；而他苦心积攒的图书、仪器、模型和手稿曾经遭遇火灾，最后化为灰烬。

然而，种种失败和挫折没有使齐奥尔科夫斯基放弃自己的理想和努力，他越挫越勇，很快重整旗鼓投入到了新的战斗中去。

苦心人天不负。1895年，齐奥尔科夫斯基提出了征服星际空间的具体设想，发表了人造卫星的图样；接着，他又出版了《可驾驶的金属飞船》，其中详细介绍了火箭飞行理论。

1929年，齐奥尔科夫斯基提出了用多级火箭取得高速，使火箭飞离地球的理论……

就这样，齐奥尔科夫斯基以自己的勤奋努力和艰苦奋斗为人类航天事业作出了奠基性的贡献，谱写了自己成功的人生。

心灵悟语 我们必须在人生过程中具备奋斗不息的心态，才能有所追求、有所收获，过一种有意义、有价值的生活。所以，永不停息地保持战斗就成为我们生活的一种常态。只有这样，我们才能不虚度年华，才能获取成功。

4. 善于自省

不断反思自我

这一年，沈阳24岁的装卸工刘新不幸下岗了。已成家的他为了生计，焊了一辆“倒骑驴”，在市场上卖菜、卖鱼，运送服装。

两年后，他用攒下来的7000元钱，和妻子金秀衣开始做服装生意，不久又改行做水果生意，但折腾了几个月，也没有挣到钱。

由于刘新是烹饪能手，金秀衣从小也跟母亲学会了做小咸菜、大花卷，最后，他们商量决定开个小饭店。

这样，刘新夫妇倾尽所有，在太原街开了家冷面馆。可是不到一年，他们不仅把投入的7000元全赔了进去，还欠了不少外债。为了还债，刘新只好重操旧业，又蹬上三轮车，到处卖菜、卖鱼、卖西瓜……但刘新并没有放弃重开饭店的念头，他一直在思考：别人能赚钱，我为什么会亏？他经常夜里很晚才睡，就是在考虑自己在生意上失败的原因。

在送菜时，刘新开始煞费心思地和各类饭店老板拉近乎，套生意经。

在逐渐的学习和积累中，新新发现了一个规律：凡是有经营特点的饭店，生意都很好做，而经营不好的店，大部分没有特点，没有自己的主打特色菜品！

于是，刘新决定重返太原街开饭店。他看好了太原街11号的房子。这是黑龙江一个老板开的饭店，他急着要回老家，所以将饭店转让。

刘新用父母留给他住的房子做抵押，把那个饭店兑了下来。之后，他东借西拼凑了3000元钱，雇了几个人，粉刷了墙壁，购置了4张餐桌。这家取名为“林苑小冷面店”的小食店一开张，便以实惠、干净、热情吸引了八方来客。

有一天，刘新在太原街上走时，听到走在他前面的两个人说“到林苑吃小土豆去”。

刘新开的是冷面店，他们却说吃小土豆，这给了刘新很大启发。他知道了他的“小土豆”很受欢迎。

第二天，刘新就把林苑冷面店改名为“小土豆酱菜馆”。小土豆是东北地区的一种特产，它个头比一般土豆小得多，而营养价值却比大土豆高得多。由于这个品种产量多，有很多人种植，细心的新新慧眼识珠，立即瞄准了它。

刘新四处走访考察，收集民间烹调小土豆的技术，去粗取精，细心琢磨，利用多种药材自行研究配制出了炖小土豆汁，并加进酱油、五花肉、香菜等进行炖制。“小土豆”这道菜既有东北大碗菜的特色，口感又绝对比东北大碗菜鲜美。

后来，刘新在济南市繁华地段盘下一个饭店，经过一个多月的装修、装备，“小土豆”终于在山东亮相了。虽然在此之前刘新已在当地做了大量宣传，但当地居民根本不认“小土豆”，开业那天，饭店门前冷冷清清，一天下来，营业额还不到200元。刘新没有气馁，为了在泉城打开市场，他断然打出了“沈阳小土豆落户山东，请泉城人民免费试吃三天”的牌子，免费品尝的牌子一挂出来，就引来了众多人前来“品尝”。这一尝就尝出了名堂。

三天之后，很多山东人专门掏钱来店里吃“小土豆”。“沈阳小土豆”好吃的消息很快便在济南传开了，一些好奇的山东人纷纷专程来品尝沈阳的“小土豆”。

一时间，“小土豆”火爆泉城。

在山东开分店取得成功后，短短的两年间，刘新运用他那精明的头脑和旺盛的工作热情，在几个省又连续开了几家分店，而且个个红火，一时间找刘新要求合作的投资商络绎不绝。

如今刘新已经是一个身价数亿、拥有130余家连锁店、5个地区分公司的餐饮集团的董事长。他的企业在中国商业联合会、中国餐饮协会、中国饭店协会评出的餐饮百强中名列第5位。

心灵悟语 刘新在不断反思中，认识到了自己的不足，然后努力去尝试，在实践中完善，取得了今天的成绩。

自省是一种高尚的武器，更是从失败中历练经验的“解脱工具”。智者能用它获取成功，弱者能用它获取强大。但省而不用，不吸取经验教训并在日后的行动中加以改正，即使自省了也是枉然。

反省失败，牢记教训

1904年，一平出生于日本长野县。一平是家里最小的孩子。

23岁那年，一平离开家乡，到东京闯天下。

年轻的一平来到明治保险公司应聘，在经历了众多不公平待遇后，在主考官轻蔑的眼神里，在大家不信任的表情下，一平成了一名“见习推销员”。

在最初成为推销员的7个月里，他连一分钱的保险也没拉到，当然也就拿不到分文的薪水。

为了省钱，他只好中午不吃饭，晚上睡在公园的长凳上。然而，这一切都没有使一平退缩。

他把应聘那天的屈辱，看做一条鞭子，不断“抽打”自己，整日奔波，拼命工作。为了不使自己有丝毫的松懈，他经常对着镜子，大声对自己喊：“全世界独一无二的一平，有超人的毅力和旺盛的斗志，所有的落魄都是暂时的，我一定要成功，我一定会成功。”

从这以后，他依旧精神抖擞，每天清晨5点起床从“家”徒步上班。一路上，他不断微笑着和擦肩而过的行人打招呼。

为了彻底改变自我，做一名优秀的保险推销员，他别出心裁，策划了一个批评自己的集会。批评者由自己的投保户组成，他的建议得到了保户们的爽快应允。第一次，一平的保户们指出：你（一平）个性太急躁，常沉不住气；你的脾气太坏，而且粗心大意；你太固执，常自以为是，这样容易失败，应该多听别人的意见；等等。

“一平批评会”连续举办了6年，一平也由这6年的批评建议中不断反省、领悟、改正自己，共接纳了17条建议，而正是这17条建议使他开拓了保险推销的成功之路。

就这样，他一直工作到年底。一平在 9 个月内共实现了16.8万日元的业绩，让大家刮目相看。

1936年，一平的推销业绩已经名列公司第一，在董事长的帮助下他逐步实现了自己的宏伟目标：3年内创下了全日本第一的推销纪录，到43岁时连续保持15年全国推销冠军，连续17年推销额达百万美元。

通过实践和总结，一平把微笑分为38种，对着镜子苦练，他曾经在对付一个极其顽固的客人时，用了30种微笑，他的微笑被人们誉为“价值百万美金的笑”。

后来，一平被日本政府特别授予“四等旭日小绶勋章”。两年后，世界权威机构美国国际协会为表彰一平在推销业做出的成就，为他颁发了全球推销员最高荣誉——学院奖。

心灵悟语 韩国现代集团创始人郑周永说过：“我的知识大部分是从失败中积累起来的，而我的成功也是由屡次的失败堆砌而成的。世界上的失败有真假之别，害怕失败，因失败而气馁逃避那是真失败；失败之后吸取教训，以利从头再来，那这个失败就是假失败。”天底下没有十全十美的圣人，更没有十全十美的推销员。失败是推销员必须经常面对的结果，失败并不可怕，可怕的是你没有认识到为什么会失败。发自内心的自省可以提高自己的觉悟，并用以改正自己的不足，发挥自己的长处，进而取得近似于完美的成功。

养成自省的好习惯

曾荫权是家中长子，下有四弟一妹。曾家家教十分严厉，童年的曾荫权十分顽皮，每星期至少被父亲“藤条炖猪肉”伺候一次。

曾荫权的家境并不富裕，母亲时刻都要记着每月所用不能超过每月所挣的钱。有很长一段时间，母亲要靠做尼龙袋来贴补家用。

曾荫权预科毕业后，被香港大学建筑系录取，但由于家庭经济拮据，身为家中长子，曾荫权放弃了上大学的机会，20岁便投身社会。

他的第一份工作是辉瑞药厂的西药推销员。后来有记者问及他这段人生历程时，他说：“对我来讲是一个很好的经验，是个很好的开始。当时吃的白眼不少，碰的钉子不少。但这个工作给了我最好的历练，给了我耐心。每一天工作结束后，我一定要自省，我今天为什么得到这样的结果，是我说服力不足，还是客人不明理？这个工作让我有机会与不同的人接触、对话，这对我往后的工作，特别是和不同阶层的人士对话很重要。我很尊重这个回忆。短短的两年对我十分重要。”

后来，曾荫权越级考上当时被喻为“天子门生”的政务官职系，调任财务科。

一年后，在前财政司夏鼎基的推荐下，当时还没有大学学位的曾荫权被借调至马尼拉的亚洲发展银行总部工作一年，从事地区财务分析工作。其间参与处理过韩国、菲律宾、印度等多国铁路、水利发展计划，在实践中积累了很多财经知识。凭借这次借调经历，曾荫权获政府保送美国哈佛大学攻读公共管理硕士学位，后来他还获得了香港中文大学和香港理工大学的名誉博士学位。

从哈佛归来，曾荫权的仕途可谓平步青云。

1985年至1989年他被委任副常务司，负责落实执行《中英联合声明》。1991年出任贸易署署长(及总贸易谈判代表)，负责所有影响香港的贸易谈判及管理事宜。1993年5月晋升为库务司，负责香港政府的整体资源分配和税收制度等政策。

1995年，曾荫权被委任为香港开埠以来首位华人财政司长，打破了153年以来的传统。其理财哲学深受前财政司夏鼎基影响，奉行“积极不干预”政策，曾荫权因此被港人称为“财爷”。

1997年7月1日，曾荫权以其优越表现出任香港特别行政区政府首位财政司司长。2001年5月任政务司司长。2005年3月以政务司司长身份出任署理香港特区行政长官。2005年6月，在香港特区第二任行政长官补选中当选。2007年3月25日，在香港特区第三任行政长官选举中再次当选。

心灵悟语 我国著名诗人约翰·保罗说过："一个人的真正伟大之处就在于他能够认识到自己的渺小。"我们要养成正确的工作和生活习惯，自省就是其中重要的一条。它能使你的思路变得非常清晰，从而使你可以沿着这种新的认识去尝试，逐步地获取成功。可以说，自省的习惯是通向前方之路的基石，它关系着这条道路是平坦的"成功高速"，还是崎岖不平而走向深渊的失败之途。

善于听取反馈意见

12岁那年，在经历了一场家庭变故之后，凌凌随妈妈移居上海，与双亲和睦家庭的孩子不同，她要学会独立生活，学会独立面对一切。

上大学时，凌凌主修英语专业，大学三年级后，她感到自己更喜欢与人打交道，对商企的运作更感兴趣。于是有意识地在银行、管理公司实习或兼职。

大学毕业做了几个月翻译之后，凌凌改行去了一家化妆品公司。进入公司的凌凌被派往青岛的办事处。

第二天，凌凌便骑着一辆二手自行车穿行在大街小巷，一个人既做业务员，又做会计、管理员、送货员，还要解答消费者的咨询，硬是将一天只卖十几元产品的局面扭转到一天卖几万元。

结果，公司当年在青岛的销售额从60万增加到了700万，商场专柜的数量也从十几个发展到了30多个，凌凌成了公司最年轻的市场部经理。

随后，凌凌又接管了西安、重庆等地的市场并做得相当不错。在化妆品行业浸泡了3年的凌凌，积累了丰富的市场开拓、营销、公关等经验和实战能力，她开始考虑开创属于自己的事业，创造自己的品牌。

后来，凌凌办起了化妆品有限责任公司，并推出系列产品。她力求在每一步都要作出全面的计划，为了在已有大量国内品牌和国外大规模集团军的中国化妆品市场打开局面，凌凌决定独辟商道：避开大城市，主攻中小城市，全面铺开销售网络。

凌凌带着自己的销售队伍，足迹遍及全国。每到一处，她都深入到销售商中，帮助他们了解产品，并及时听取反馈意见，根据不同地区的需要调整产品，策划不同的营销方案。

不仅如此，她还到电台、电视台、商场中去做美容咨询讲解，每季度搞一次大型促销推广活动，大力宣传自己的系列产品。由于凌凌的工作做得非常细致，她的系列产品获得了良好的市场反应。

公司从上至下的人员凌凌都要亲自挑选，并且每一个工作人员上岗前都要进行为期一周的相关培训。

每年，她还会挑选技术骨干和管理人员到欧洲知名的化妆品公司参观取经。“公司的每一项决定都是集体智慧的结晶，我们始终注重团队精神，并把人力资源作为公司最重要的财富。

“工作之中，用制度说话，工作之余，大家平等。”这是凌凌管理上的另一大心得。同时，给每一个员工最大的发展空间，对他们的努力给予肯定，把个人利益同公司利益联系起来，奖罚分明。

如今，凌凌除了深圳的总公司外，在全国不少地方都有办事处和销售点，她个人身价已过400万。

心灵悟语 一个善于听取反馈意见的人，一定会不断地进步，因为思考反馈意见的过程也是一个自我反省的过程。这样一来，就会及时发现自己的不足，进而用一些优秀、正确的反馈意见弥补自己的过失，也会使自己的经验更加完善，从而加快奔向成功的脚步。

收获自律的果实

1936年，桑德斯出生在美国芝加哥南温切斯特街的一间小屋里。

大学毕业后，桑德斯辗转进入了仙童半导体公司，不久就成了仙童半导体公司负责西部11个州的销售经理。

桑德斯一生都缺乏幸运之神的青睐。他建立AMD时几乎是白手起家。公司的起飞完全归功于他的坚韧、才能以及稳重的工作作风。

后来，终于有了一个投资班子，但还不够创业资本150万美元。他的朋友由于知道他的稳重能够带来实实在在的收益，所以对他十分信任，为此出了不少力，连鲍勃·诺伊斯也成为AMD的创业投资者之一。

几经周折，AMD公司正式营业。

十多年后，他们就有了2000%的回报。当AMD的股票在纽约上市时，公司员工已达2万人，年收入已逾4亿美元。1984年，AMD的销售额达到了创纪录的11亿美元，这是AMD历史上最好的一年。同年，英特尔的销售额是16亿美元。

从那以后，英特尔断然放弃了存储器业务，将全部力量转移到微处理器。

之后，AMD与英特尔在CPU这一领域不断竞争，技术的升级、产品的换代，眼花缭乱地在这两个巨人的商场间上演着，虽然AMD一直没有击败英特尔，但是AMD已经在这场壮观的战斗中强壮了起来。

现在，英特尔处理器不再是用户的必然选择，还多了AMD，甚至在某些领域AMD是更好的选择。

可以说，桑德斯不仅是英特尔在CPU产业中垄断地位的勇敢挑战者，更是整个CPU市场中不多见的奇迹般的成功企业的领袖。他的成功秘诀之一就是巨大的自律能力。

心灵悟语 麦当劳公司创始人雷蒙·克罗克说过：“年纪越大就越相信一个人超越他人，取得成功和成绩的必要因素就是巨大的自律能力。”在做事时，只有时刻自律的人才能够保持清醒，也常因此可以得到别人的信任。谁又会去相信办事毛躁、骄傲自满的人呢？因为那样的信任得不到任何回报。

第七章

突破自我
——知性女生的“成熟质变”

1. 我就是我

完美蜕变需要自信

去年，王老师与几个同事一起，开始了一项新教育实验的项目，名字叫“毛虫与蝴蝶”，是一种针对低龄儿童的读写绘实验。

他们带领着刚入学不久的孩子描绘各种绘本，每天都给孩子们讲故事，阅读图画书，朗诵儿歌，把孩子们的作品拍成照片作为存档，并给家长们写信，讲述发生在课堂上的一个个动人的故事。

在王老师的班级里，有一个女生叫多多。她很特别，因为在入学测试时，她一句话也不会说，一道题都没完成，测试成绩居然是零分。

王老师在第一次与学生见面时，让孩子们每个人都来介绍一下自己，当叫到多多时，有的孩子大声说：“老师，你不要叫她介绍了，她是个傻子，她不会说话，在幼儿园里我们从来都没听她说过话。”吃饭时，多多拿着勺子坐在座位上一个多小时一动不动。

后来，王老师和多多的妈妈联系才知道，在家里吃饭多多也从来没有自己动过手，幸亏幼儿园离她家只有几步路，于是，每次吃饭都是她妈妈把饭送来，然后一口一口地喂她吃。

经过了一段日子的训练，在王老师给孩子们讲故事的时候，他收到了多多的第一幅作品，这真的让王老师感到万分的惊喜。从多多图画的内容上可以看出，她完全听懂了这个故事，图画中很有创造性地画出了小猫咪的家、小鸟的家、小兔子的家、大灰狼的家。

王老师不仅在全班表扬了她，还给多多的第一个作品颁发了奖状。这是多多生平得到的第一次表扬，第一张奖状，在那一刻，她的脸上露出了少有的微笑。

从此，多多的兴趣被激发了起来，在之后的读写绘课堂上，多多表现出了惊人的想象力和创造力。渐渐地，她的脸上有了越来越多的笑容，也能够主动走出座位和其他孩子们交流起来，学习成绩也在不断地提高。

心灵悟语 欣赏自己可以树立一个人的自信。由欣赏自己树立起来的自信，其结果会使你冷静地辨别所接触事物的真假和清楚地明确一个奋斗的方向，使自己在奋斗的喜悦中可以看到自己辉煌的原因，在自己笼罩在阴影中可以看到闪光的亮点。

生命的精彩需要得到别人的赞许，但精彩的生命不是仅仅为了刻意地让别人赞许——别忘了，欣赏自己生命的还有我们自己。只有会欣赏自己的人，才是心灵舒展的人，才是社会认可的人，才是可以承载生命重担的人。只有这样的人，才是快乐的人！也许，当你学会欣赏自己时，你还有机会变成人间的天使！

“脸皮厚”没什么不好

杨威出生于湖北一个偏远地区的农民家庭，14岁那年，母亲病逝，他小学毕业以后便辍学在家。

在15岁时，他走村串巷收购鸡蛋到镇上贩卖以补贴家用。16岁时到武汉倒卖丝袜的经历，让他至今难忘。

那年的夏天炎热异常，汗流浃背的杨威拿着丝袜来到村口，遇见了一位老太太，讨价还价之后，袜子从3元钱降到了2元钱。急于赚钱的杨威爽快地答应下来，老太太又反口说不买了，杨威又急又气又后悔。

他看到在村口不远处还有一群人在纳凉，于是嚷道：“你们大家给评评理，这么好的尼龙袜子这位老太太非要让我卖她2元钱，这不是让我亏死了吗？”

大家马上来了兴趣，纷纷过来还价，这次不管怎么还价杨威就是不松口了，直到有7个人说要买的时候，杨威才故作痛苦妥协状。

事后，杨威把手中卖袜子得来的14元钱攥得紧紧的，正是这点钱让杨威明白了经商的一个道理——“脸皮厚”没什么不好。

积攒了一点钱后，他又开店卖起了鞋子；此后在县城注册了公司，开办服装专卖店；后又到武汉、广东深圳等地方开办科技公司和电子产品加工厂。

经过十多年的原始资本积累，杨威已经成了拥有千万元资产的富翁。

心灵悟语 脸皮薄者，丢一次脸便终生不忘，可谓是“一朝被蛇咬，十年怕井绳”，从此便失去了再次尝试，进一步奋斗的勇气。而“脸皮厚”者则可坦然承受，并因之而激发无穷的创造精神和奋斗意志，从而把自己的能量发挥到最大极限，创造出非凡的成就来。

从公主到旁白者

一天，学校要举行一次戏剧演出，娜娜被选来扮演剧中的公主。

在这之后的几周中，母亲和她一起煞费苦心地练习台词。

她在家里表现得总是特别娴熟，但是一到了舞台上，她头脑里的词句就全都飞到九霄云外了。无奈之下，老师只好让娜娜出演别的角色。

老师为此补写了一个旁白者的角色。虽然老师的话委婉亲切，但还是给了娜娜重重的一击。尤其是看到别的同学在舞台上表演曾属于自己的角色时，娜娜更是无法接受。那天回家吃午饭时，娜娜没把在学校发生的事情告诉母亲。

可是，母亲却觉察到了她的不安，母亲没有提及台词的事，而是问她是否想到院子里走走。那是一个温暖明媚的夏日，棚架上的牵牛花正在对着太阳歌唱。娜娜无意中看见母亲在用力地将蒲公英一棵棵地连根拔起。

娜娜非常不理解母亲的行为。

这时，母亲回过头，对她说：“从现在起，咱们这庭院里就只有牵牛花了。我不喜欢蒲公英。”

娜娜抗议道："所有的花儿都是美丽的，哪怕是蒲公英！"

"对呀，每一朵花儿都以自己的美丽和芬芳使人愉悦，不是吗？"母亲若有所思地说。

娜娜看了看母亲，点点头。

接着，母亲又继续说道："其实，对人来说也是一样。在人生这个戏剧的舞台上，不可能人人都如愿，你要勇敢地接受这一点。孩子，你应该相信自己，并勇于突破这一瓶颈，继续努力，相信你会在未来的某一天找到你想要的。"

娜娜知道母亲猜到了自己的痛苦，她一边失声痛哭，一边告诉母亲发生了什么事。

母亲听后欣慰地一笑。"娜娜，你将成为一个出色的旁白者，只要你有这个自信，你有吗？"

娜娜擦干了眼泪，再一次点了点头……

心灵悟语 故事里的娜娜正是没有强求去做一个"公主"，才体会到了做旁白者的重要，才拥有了快乐的人生。事实上，在所有的角色中，公主这个角色并不一定是最重要的，更不一定是适合自己的。如果为了争取那个不适合自己的位置，而让自己的情绪低落，变得怨天尤人，就会丢掉快乐。

努力超越自己

在清华大学电子系读书时，潘锦辉就天资过人，同时又兼具诚恳、谦逊等品德。在微软亚洲研究院实习时，她用灵活而敏锐的思维方式以及锲而不舍的钻研精神赢得了李世鹏等资深专家的一致好评。

后来，潘锦辉又以优异的成绩考入斯坦福大学深造，并有机会在许多国际知名的大企业中工作。在常人眼里，潘锦辉的人生旅途可谓一帆风顺，然而她自己却不这么想。

她常常问自己：成功究竟是什么？难道学业和事业上的一帆风顺就是

最大的成功吗？难道许多人梦寐以求的名和利就是最大的成功吗？如果成功只有一种定义，那么，自己多年来拥有过的许多美好的憧憬和设计又该如何实现呢？

一天，一位学长无意间问潘锦辉：“你到底对做什么感兴趣呢？”

这句话一下子点醒了潘锦辉，令她在一瞬间明白了许多：成功之路有许多条，成功的定义也有许多种，只要在理想的指引下，真正做了自己想做的事情，真正实现了自己的人生价值，就是一种成功，就应该为此感到自豪和快乐。

从此，潘锦辉积极投入到了乐观、充实的人生当中。工作时，她总是尽力做到最好。每进入一个新领域，她都会无比兴奋，因为可以从学习的过程中积累更多的经验和知识，学到与不同的人相处、合作的技巧。

这样，在新的挑战来临时，潘锦辉总能作好充分的准备，让自己离既定的人生目标又近一步。业余时间里，潘锦辉在美国欣欣教育基金会担任项目负责人和区域负责人，帮助中国贫困山区建学校、办教育。

在做义工时，即使是琐碎的小事，潘锦辉也要尽量做好。在这一过程中，她认识了许多来自不同阶层、不同领域的人，有的是成功的投资家和创业家，有的是普通的职员和退休老人。

大家在这样的工作中获得的快乐和成就感，丝毫不少于在日常工作中的所得，更重要的是，这种快乐和成就感并不会因为每个人身份和地位的不同而有所区别。

用潘锦辉自己的话说就是：“虽然我不能确定自己将来能否获得许多人推崇的名和利，但对我而言，成功就是不断地超越自己，让自己的人生快乐、充实、有意义。事业进步是成功，给家人快乐是成功，广交朋友是成功，能对他人有所帮助是成功。现在的我，经过了许多顺境和逆境，虽然不知道在别人眼里算不算成功，但却更加自信和快乐。因为我学会了把远大的理想变成具体的奋斗目标——做好每一件事，快乐每一天。我相信：属于我的成功并不遥远，我一定会继续努力！”

心灵悟语 一个人如果具有超越自己的勇气，就意味着向成功之路迈了一大步。接下来，只要你能够用自己的实际行动不断地努力，不断地超越自己，就不难在自己的人生中创造出一些价值来，其实这就是成功。

敢于突破自我

她生长在陕西西安一个高级知识分子家庭，父母很刻意培养她的独立生活能力。

她不仅在学习上出类拔萃，其他方面也都表现出色，小学是学校乐队的旗手，初中是合唱队的指挥，还经常参加学校组织的各种比赛，如朗诵、体育、跳舞等。

14岁时，她考入北京师范大学，成为当时班里最小的学生。18岁毕业的时候，她拿到了外国语文学和国际贸易两个学位。毕业后，她当上了北京石油化工学院国际商业经济学的讲师。业余时间她利用自己的外语优势，为出版社翻译书，为外国旅游团当导游。

为外国企业在中国的招商会议做同声翻译时，她赢得了很多外商的好评。有几家外商主动要求她代理中国的市场。英语出色，加之对外面世界的向往使22岁的她带着两万美元闯荡美国华尔街，开始了她商业奇迹的创造。

1993年，她在美国纽约和芝加哥两地成立了与FirstChicagoBank’s FirstOption联合的公司，为中国多家私有及国有公司提供资产管理服务。她以亚洲营商中心——香港和加州硅谷为基地，创办并运营了Gardism投资公司，负责管理在港交所上市的中国企业及其境内投资业务。

如其所愿，这家公司在两年内顺利实现了上市，而她亦像同时代的许多成功者一样，在股市中掘到了她用于搅动商海的第一桶金。她觉得应该把成为教育事业家的梦想和自己所有的商业经验很和谐地发挥，所以就选择了教育。

她与全球排名第一的皮尔森教育集团签订了在中国的独家代理权利，

推广朗文成功英语。这套多媒体产品是朗文研发10年、耗资5000万美元的成果。

几年来，她奔走于大江南北，先后到过全国1000多所大中小学校，无偿为那些贫困地区的学生们提供了大量的远程教育设备和资金。

27岁时，她已经积累了一千万美元。而此时的她又开始考虑新的起点。她选择了回国。

1998年，在世界网络热波及到中国的时候，她选择了网络多媒体教育，成立了校园在线教育集团。

她就是有着“中国网络教育第一人”之称的郗慧林。

心灵悟语 正所谓，江山易打不易守。殊不知，人生处处有机会，但在人生的道路上只有勇于创新，不断突破才会获得更大的成功。

2. 拓展爱好

爱好给予的惊喜

王丽晶在一家公司做文秘，勤勤恳恳、兢兢业业地做了快三年了，一直以来，她对工作的态度都特别认真。

性格外向活泼的王丽晶有自己的梦想，就是能够向老板申请做业务部门的经理，但都迟迟没有找到提升的绝佳机会。

一次，公司要去和一家世界五百强的公司洽谈生意，老板非常重视这笔生意，希望能与那家公司达成合作意向。

也许是因为那个世界五百强的公司实力过于强大，令老板有些望而生畏。所以，公司全体员工全部被动员起来，为了这次洽谈精心准备了一个礼拜，生怕会出什么状况而影响了这次谈判。

然而，就在老板准备去洽谈的那天早上，他匆匆召集全体员工开了个紧急会议。在会上，他说："今天把大家召集在一起，主要还是为了这个谈判的事宜，我打听到，我们谈判的那家公司的老总喜欢下围棋，而且每次都要和谈判的人先下上几盘围棋，才会认真地谈工作的事情。所以，为了我们能够更有把握取得这次谈判的成功，我希望大家可以踊跃地配合，在座的各位有谁会下围棋的，请自荐一下。"

结果，没有一个人表示会下围棋。

老板见到这种状况，失望地说道："难道全公司没有一个会下围棋的？"

就在这时，站在一边的王丽晶说："老板，我可以试试吗？我曾经在读高中的时候学过一段时间围棋，但我不敢保证水平有多高。"

只见老板用手拍拍脑门说："我怎么把你给忘了，你的水平我是早有所闻，都说你是围棋高手啊，那就这么决定了，下午的谈判由你带头去，你现在赶紧去准备准备吧！"

不出老板意料，下午的谈判果然是一场围棋大比拼，整整持续一个下午，那个公司的老总和王丽晶都陶醉在一片围棋的"战争"里面，结果谈判也在这个微妙的气氛中拉开了帷幕。

第二天，那个五百强的公司就打来电话说，他们已经决定要和王丽晶的公司签约合作。而令王丽晶没有想到的是，她的一个业余爱好竟然会给予她这么大的惊喜。

心灵悟语 爱好不仅能够帮助你获得事业上的成功，而且还会为你提供更多的发展良机。所以，明智的人都会注重培养和拓展自己的爱好，因为这会给你的成功之路带来很大的惊喜。

出众的秘诀

杨刚是一家公司的部门主任。

有一天，杨刚正在电脑前惬意地品尝着热咖啡，听到有人敲门。杨刚随意地应了一声，一个柔弱的女孩子走进了杨刚的视线。

刘丽丽穿着一条洗得发白的牛仔长裤，一件蓝色的棉衬衫，一张不施粉黛的脸，看上去无精打采的。

杨刚迟疑地问道："你找谁？"

刘丽丽用很低沉的声音回答道："主任，您好。我是来报到的。"

杨刚这才知道，刘丽丽就是公司分配给他的助手。他心想：作为一名职场上的人，刘丽丽连最起码的装扮都不懂，怎么能做好工作呢？

杨刚对这个新来的助手很不满意。可这是公司的决定，杨刚也就勉强地接受了。在以后的工作中，杨刚没有给刘丽丽分派工作，刘丽丽却很少让自己闲下来，把办公室里里外外打扫得干干净净，每天就做着这些琐碎的事情。

有几次，刘丽丽实在没什么事情做了，就小心地问杨刚有什么需要她做的。其实，杨刚有一大堆的材料需要整理，可杨刚不放心交给刘丽丽来做。

所以，杨刚总是不屑地回答刘丽丽:“急什么，总会有你做的事。不过，你也不必做那些扫地的活儿。公司里有勤杂工，你来这儿不会就为做这些吧。”

杨刚就是这样冷眼旁观，不动声色地看刘丽丽能坚持多久。

一天，杨刚刚到办公室，就看到办公桌上放着一张简陋的广告创意，杨刚拿起来瞄了一眼，随手就把那张纸丢到了垃圾筒里。

这时，杨刚一回头正遇上刘丽丽那双清澈的眼睛，里面装满了失望。

“是你做的吗？”杨刚问。

“是的，主任。我做得不好，请您多指点。”

“嗯，下次吧。”杨刚轻描淡写地回答道。

接下来的几天，杨刚每次都会在办公桌上看到一份广告创意，而且每一次都会有所改进，但总体水平并没有多大的起色。

终于有一次，杨刚无奈地对刘丽丽说：“其实，你并不适合做广告这一行。因为你的创意没有一丝新意，这一点是致命的。”

刘丽丽的眼泪在眼里转了好久，最终还是掉下来了：“谢谢您的指点，我明白了。但不管我做得多差，每一次都是我的心血，而且，我也坚信，我会有进步的。那些被您随意地扔进了垃圾筒的广告创意，对于我来讲，是我成长的经历，我很珍惜它们。”

看着刘丽丽从背后拿出那些曾经被杨刚随便丢进垃圾筒的广告创意，杨刚呆住了。

从这以后，刘丽丽再没有将自己的作品放到杨刚的桌上，也不像之前那样事必躬亲，而是把更多的时间用来看书学习了。

一次偶然的机会，公司接了一笔很大的广告业务，老总派杨刚带着刘丽丽去和对方洽谈。

杨刚把一切都准备好了，但就在杨刚他们要去签约的前一天，对方忽然表示有另外一家广告公司的创意更适合他们，所以只能终止这次合作。

整个过程中，刘丽丽一直站在旁边，看到杨刚失望的样子，小心地问道："真的无法挽回了吗？"杨刚摇了摇头。"可是到明天还有时间，说不定有转机呢！"于是，刘丽丽转身拨通了老总的电话。

第二天上班的时候，刘丽丽没有像往常一样准时去上班。快要下班时，老总满面喜色地走进来，身后的刘丽丽也满面春风地跟进来。

老总高兴地说："向大家宣布一个好消息，公司的单子签下来了。你们可能都没想到，刘丽丽居然用自己的作品说服了客户，为公司拉了一笔大业务。今天中午，我们要为刘丽丽庆贺一下，做事情要的就是这种不服输的精神！"

杨刚愣愣地站在一旁。此后，刘丽丽接二连三地拿出新颖的创意，很快得到了老总的赏识，而杨刚的业绩连连败退，最终他只能让贤辞职。

心灵悟语 刘丽丽出众的秘诀正是她勇于创新，并将自己的特长发挥到极致。正如美国福特汽车公司创始人亨利·福特说的："任何一个有创造性头脑的人，都没有理由去做单调的事情。因为有创造性思维的人，到处都需要。对于有技能的人来说，绝不会没有出路，也绝不会没有施展才能的机会。"所以，在这个女人能撑半边天的时代里，只要你能做到拓展自己的爱好，并精通一件事，你就很可能打败所有人。

特长需要细化

这一年，在美国耶鲁大学的入学典礼上，校长向全体师生特别介绍了一位新生。她是一个自称会做苹果饼的女学生。

学生都感到奇怪：耶鲁不乏多才多艺之人，为何推荐一个仅仅擅长做苹果饼的学生呢？

最后校长自己揭开了谜底——耶鲁大学每年的新生都要填写自己的特长，而几乎所有同学都填写诸如运动、音乐、绘画等为特长，从来没有人填过自己擅长做苹果饼。

因此，这个女学生便脱颖而出。她是一个聪明的女学生，如果她在履历表上填上“擅长厨艺”，结果一定不如“擅做苹果饼”打动人心。

那些填写擅长运动、音乐、绘画的，可能也就是会踢两脚足球、吹吹口哨或者画几笔素描之类，即使是自己确实精通某一门，也会因为用了一个笼统的概念而显得毫无说服力。

心灵悟语 细化特长会显示出一种天真的可爱和拙朴，同时也是一种自信，更能给人具体而直观的感受，还更容易让人相信，极易引起别人的兴趣，体现出你的卓尔不群。

付出就会有回报

毕业后，林林进入了一家外企人事部工作，成为了一个新人。同时进公司的还有三个新员工。

领导决定要扩大公司规模，还需要招聘其他部门的员工，所以人事部的工作非常繁忙，人事部主管只是告诉他们：“希望公司可以给你们提供一个良好的环境和发展平台，也希望你们能够尽快地熟悉公司的业务。”同事们也都埋头干自己的工作，而没有人给林林和其他三个新来的员工布置具体的工作。

无奈之下，几个新人只能在公司里面做一些琐碎的事情，比如为客户端茶倒水等。有的干脆拿起公司简介，利用上班时间一遍遍地熟悉公司情况。

林林却给自己做了一个聪明的安排，她到公司的第二天，就尝试着到一些老员工那里去请教工作上的事务，看着满桌子都堆满了应聘者的资料，她在征求老员工的同意后，开始做起了整理资料的工作，她把应聘资料按照应聘部门、职位等相关主题分门别类地分成了若干份，还将一些不符合应聘要求的简历挑出来，放到另一个地方。

有个新人走过来劝林林：“我们还是先熟悉一下公司的情况吧，现在也没有给我们分派工作，你这样忙来忙去到最后还是白忙啊。”

林林笑笑说：“我就是闲不住，这样也算帮帮别人。”

就这样，林林每天都在帮别人做些力所能及的工作，而其他的新人还是拿着那本公司简介一遍遍地看着。

几天后，林林成了办公室里的“主力”。除了整理资料外，人事部主管还教会了林林如何查看简历，如何筛选应聘者。

如此一来，林林很快进入了工作状态，而且工作效率非常高，甚至不亚于一些老员工。她的这些努力，公司领导都看在眼里。

在结束了应聘筛选工作后，林林被提拔为主管，与一些老员工一起做起了面试的主考官。而其他同林林一起进入公司的新人也有了各自的工作，不过只是一些打理小事的临时性工作。

心灵悟语 一个能够脱颖而出的人，一定会具备一种高尚的品质和超人的本领。她会凭借这种优势，让自己在很短的时间内冲破所有障碍，取得事业上的成功。就像故事中的林林一样，付出一点点，回报她的就是大成就。

令人刮目相看的女主管

小张初到一家大型广告公司做文案的时候，非常苦闷，因为他的上司是一位女主管。

小张怎么看怎么想都觉得这位女主管没什么真才实学，自负的他心里不平衡地想道：她有什么能耐来管我？按理说，我应该当她的主管才对。有了这样的想法，小张不但在平时不爱答理那位女主管，而且对女主管在工作上的指示也爱理不理的。

一天，一位同事看出了小张对女主管的怠慢态度，在中午一起吃饭的时候，问小张：“我怎么感觉你对我们的女主管那么怠慢？你可要想清楚，人家已经给足你面子了，要放在其他部门的主管身上，你早被炒鱿鱼了。”

小张不屑地说：“我才不在乎呢，那个自以为了不起的女主管整天就知道瞎指挥，你看看，什么都是我们做，她除了在那里说说这个，说说那个，还会什么呀！我简直和她格格不入！”

同事无奈地说道："看来你是真的不了解她，你应该多和她接触接触。"

小张听到同事这样说，一下子将嘴里的饭喷了出来："不会吧？她一个妇道人家，有什么可接触的，无非就是关心一些鸡毛蒜皮、家长里短的事情，和她有什么可说的？我就是不服她！"

同事摇了摇头，也不再说什么了。

公司年庆这一天，女主管邀请全体职工去酒吧聚会。在那里，女主管的一举一动让小张大开眼界，只见女主管和十来个男同事谈笑风生，她坐在沙发的扶手上，一边喝着啤酒，一边指着电视里现场直播的欧洲足球赛，说起了自己喜欢的足球明星老贝利。更让小张不可思议的是，女主管不仅对足球有着很强的专业知识，还对当下的足坛有着独到的见解。

说完足球，女主管又开始和大伙谈论起最近发生在国内外大大小小的新闻，她的举手投足和严谨精辟的议论让小张佩服不已。他没想到这个自己一直以来没有重视过的主管竟然如此博学，这令他对女主管刮目相看。

从此以后，小张对女主管不再有意见了……

心灵悟语 如果你在性格、气质、能力和道德品质等方面具有一种吸引人的力量，那么，你一定能受到别人的欢迎，被别人所接纳，更会让那些小看你的人对你刮目相看，因为你已经具备了为人处世的基本条件——人格魅力。

兴趣成就完美人生

芸芸从小就很喜欢文学，平时经常阅读名家著作，并且练笔投稿，也有一些作品见诸报端。

大三暑假的时候，在经常访问的某国内知名网站武汉分公司主页上，芸芸发现该网站正在组织一次面向在校大学生的征文活动。

芸芸当然不会错过这个机会，于是她写了一篇感人之作投给了网站。

大学的最后一个学期，芸芸为求职忙昏了头。一天，从招聘会"赶集”回来，身心疲惫的她刚躺到床上，就接到一个陌生的电话。这个电话是组织征文的网站打过来的，告知芸芸，她的文章获得了大赛的二等奖，让她到指定的餐馆就餐，公司将凭发票为其报销两百元。

芸芸挂了电话，有些失望，因为这并不是招聘单位打来的电话。不过，她的心情也被这个小小的惊喜温暖了一下。

于是，芸芸就去餐馆美美地吃了一顿，然后去汉口找到网站征文活动的负责人。

负责人是一个非常热心的年轻人，当即领芸芸到财务处报销。在交谈中，芸芸告知对方自己正忙于毕业求职，负责人有意无意地问了她一些基本情况。

芸芸求职的弦紧绷了起来，条件反射地告诉他，自己在努力学好专业知识的同时多方位地进行发展，曾参加院系学生会，在工作中锻炼自己的组织协调能力；参加校法律协会，丰富自己的法律知识；参加学校各项演讲比赛，提高自己的表达能力等。

负责人只是不时地点头，笑而不语。

当天晚上，这个网站的负责人打电话过来，问芸芸是否愿意到公司做事。

芸芸听后喜出望外，当即答应了下来，真应了一句古话：“踏破铁鞋无觅处，得来全不费工夫。”

第二天，芸芸便来到公司实习，负责该网站的校园版块。上班后，恰逢公司要联系高校组织一次大型的宣传活动。

芸芸认为这是一个表现自己的好机会，她曾担任过学生干部，和学校老师比较熟，而且所在学校又是武汉首屈一指的重点高校，这是得天独厚的资源优势。

当时，有几个同事都请求组织这项活动，但老总在看了众多计划书后只对芸芸的计划书青睐有加，便将重任托付给了她。芸芸立刻着手组织这项联谊活动。从前期的海报制作、场地选址、人员安排，到现场协调、活动总结，整个流程她都事无巨细地认真推敲。经过精心筹备，联谊活动大获成功，学校和公司领导都非常满意。

在三个月试用期结束之后，芸芸顺利地成为了公司正式员工，并且担任要职。

心灵悟语 兴趣也许只是求职成功的一个偶然因素，但它却透露出这样一个事实：机会垂青那些有多种技能的人。一专多能的复合型人才，无疑是求职市场上的佼佼者。我们在平时生活中，应该注重培养自己的优势，为成功之路铺垫坚实的基石。

3. 独立坚强

一个盲女孩的传奇人生

有一个可怜的女孩，在她出生才3个月的时候，医生诊断她患有先天性白内障，就算做了手术，视力也达不到0.1。这等于宣告她一辈子都将是盲人。狠心的父母不愿承担女孩这份生活负担，把女孩遗弃了。

女孩10个月大的时候，奶奶带她去医院做了手术。

女孩左眼的视力恢复到在一米远的距离能模糊地看见手指头，而右眼则完全失明，她的世界几乎只有黑暗。在奶奶的严格管教下，凭着过人的听觉和触觉，她可以单独出门，甚至拿东西也不必摸索。

长大后，女孩进入盲人学校学习钢琴调律。

从盲人学校毕业后，女孩开始找工作。但由于自己是盲人好多次面试都以失败告终。她不得不冒充健全人去应聘。

果然，经理没看出她有什么异常，就找出一台琴让她调，她调得很准。就这样，她应聘成功了。

然而，这一天，经理准备让她上门帮顾客调琴。这对她来讲几乎是一项不可能完成的任务。

她犹豫了一阵，只好如实相告："经理，其实我是盲人。"

经理一听，吓了一跳："盲人？真没看出来。你的技术我看到了，但是你的工作只能是上门为用户服务，钢琴卖到哪儿，你就要走到哪儿。没人带你，你能找得到用户家吗？再说，路上那么多车，要是出了什么意外，我还得负责呢。”

女孩站着没动，稍加思索后反问道：“到底撞死过几个盲人？”

“不知道。”经理真被她镇住了。

“一个也没有。”女孩回答道。

“为什么？”经理问道。

“俗话说：‘淹死的全是会水的。’我看不见就会躲得远远的，汽车来了我就会尽量靠边儿，要是能上墙头，我肯定上墙了……您先给我一个月的时间去熟悉大街小巷，到时候您再决定要不要我。”

话已至此，哪怕是铁石心肠的人也不忍拒绝。经理被女孩的睿智和执著感动了，便说：“只要你能胜任，我非常乐意把工作交给你。”

一个月后，她果然熟悉了全北京的大街小巷，顺利地得到了这份工作。

女孩在克服了常人无法想象的困难之后，渐渐地在琴行站稳了脚跟，而且一干就是几年。因为技艺精湛，她的名声越来越大，那家琴行的生意也越来越好。

就在老板准备重用她时，她却冷静地炒了老板的鱿鱼，开始做个体钢琴调律师。

如今，她是中国音乐家协会钢琴调律学会注册会员，现任北京陈燕新乐钢琴调律有限公司经理。她就是著名的第一代盲人钢琴调律师——陈燕。

心灵悟语 爱默生说：“坐在舒适软垫上的人容易睡去。”依靠他人，觉得总是会有人为我们做任何事，所以不必努力，这种想法对发扬自助自立和艰苦奋斗精神是致命的障碍。陈燕的经历告诉我们，只要你相信自己，不断地培养独立坚强的性格，就一定能够走出属于自己的人生之路。

明天的飞跃

1924年，他出生于美国宾夕法尼亚州埃伦敦，他的父亲是意大利移民。

他从小学、中学直至大学，不仅学习成绩始终名列前茅，而且兴趣广泛，对音乐、舞蹈、文学、体育都有狂热的爱好。

21岁时，他来到底特律，在福特公司当了一名见习工程师。他独创的分期付款的推销方法使公司汽车的年销量猛增了7.5万辆。他也因此名声大振。

1960年，他负责的新车“野马”第一年销售量竟高达41.9万辆，创下了全美汽车制造业的最高纪录。前两年，“野马”新型车为公司创纯利11亿美元。

三年后，在他的领导下，一直不赚钱的林肯分部先后推出“侯爵”、“美洲豹”和“马克Ⅲ型”高级轿车，形势大为改观。特别是“马克Ⅲ型”给公司再一次带来巨额盈利。

但是，八年后，他被老板免去了职务，这突如其来的打击，几乎置他于死地。他被解雇的消息在舆论界和企业界引起了轰动。许多大公司纷纷找上门来，邀请他加入，然而他只对汽车感兴趣，不久他到克莱斯勒公司工作。1982年年底，他使克莱斯勒公司奇迹般地走出谷底，第一次实现盈利。

1983年，公司实现了历史上的最高利润：9.25亿美元。经过短短的3年，公司就提前7年还清了全部贷款。

短短一年的时间，公司更取得了23.8亿美元的纯利润，形成90.6亿美元的资产。克莱斯勒终于从灰烬中站立起来。

1985年，克莱斯勒公司在世界汽车制造公司的排名榜中跃居第五位，他成了美国的英雄人物。

他就是美国的传奇富豪艾柯卡。

心灵悟语　人的一辈子，其实就是一个不断丧失的过程：胎儿丧失了襁褓，才能学会站立和走路；青少年丧失了成人的呵护，才能具有独立生活的能力……如果我们一辈子都惧怕丧失，不愿意付出任何代价，那么我们也将丧失发展的机会。换个角度讲，今天的痛苦，也许换来的就是明天的飞跃。

培养独立能力

李梅梅上学的时候，有一位体育老师教她溜冰。

起初，由于不清楚技巧，李梅梅总是跌倒，于是她向老师请教有没有什么方法可以快速掌握溜冰的技术，老师给了她一把椅子，让她推着椅子溜。

果然，老师的这个方法很好用。因椅子稳当，李梅梅站在冰面上就像站在平地上一般，不再跌跤。而且，她可以推着椅子来往自如。李梅梅想，椅子真是好。

于是，李梅梅一直推着椅子溜，从没想过有一天需要全凭自己的能力完成这个活动。因为椅子的辅助，李梅梅以为溜冰其实是件很简单、很容易做到的运动。但是，这也为后面的不便留下了隐患。

溜了大约一星期左右，有一天，老师来到溜冰场一看，李梅梅还在那里推椅子哪。这回老师走了过来，一言不发，把椅子从李梅梅的手中搬走了。

失去了椅子，李梅梅紧张地大叫起来，结果脚下不稳，一下子跌倒在地。

李梅梅嚷着要椅子。老师站在一旁，看着李梅梅叫嚷，却无动于衷。李梅梅没有办法，只得自力更生，无数次跌倒，无数次爬起，这才站稳了脚步。

这时，李梅梅终于明白了一个道理，推椅子只是一个过程，真要学会溜冰，必须要把椅子拿开，凭借自己的能力站起来，只有这样，才能真正学会溜冰，否则你永远学不会做任何事情。

心灵悟语 对于新时代的女生来说，拥有独立的能力更加宝贵。凡事不能依赖外来力量，因为那必定不是长久之计。

独立坚强的个性助你成功

小凌6岁时，就随父母离开哈尔滨去美国定居了。

11岁时，小凌嫌爸爸妈妈给她买的新衣服太土气，要求自己做主。父母就对小凌说："你可以做自己的主人。我们每月给你零花钱，你可以自由支配。但我们给你的钱有一定限度，那些时髦的衣服是很贵的，你若是钱花得不合理就会没有新衣服穿。"

最初小凌为自己能够做主感到很兴奋，手上有了钱忍不住拿去买新衣服穿。但漂亮衣服价钱很高，有时衣服不合适，买回来后根本没法穿。

她知道自己的父母是那种说到做到的人，就逼着自己像个成人那样节省开支，像模像样地当家理财。她体验到了攒钱的不易。

12岁的时候，她向父母提出想回中国的家看看。那年暑假，她独自一人踏上了回国的路途。途经日本时，这个连一句日语也不会讲的小姑娘，双手高举一块写有宾馆名称的牌子，让"的士"把她送到目的地。

回到中国后，她一人走遍了北京、上海、杭州、哈尔滨等城市。她不怕旅途的孤单寂寞，对于途中的一切困难，她一个人勇敢坚强地面对。

小凌是麻省理工学院核工系的学生会主席，她有着出类拔萃的学习成绩以及不凡的领导才能，在同学中颇有号召力。

小凌有许多兴趣爱好，有时她感觉学习的压力太大了，就索性放下课本去拉小提琴、弹钢琴，在音乐中得到宣泄和放松；而且，小凌还是运动场上的活跃分子。因此，小凌身上找不到那些女孩子常有的娇柔，她浑身散发的是一种勃勃生气以及健康的青春气息。

17岁那年，小凌决定去服军役，参加军训。

军训时，60多个人的双人床铺位挤在一个屋，三个月的新兵训练期间不能回家，也不许给家里打电话。每天一两点钟睡觉，三四点钟就得起来，才睡两三个小时。40多摄氏度的高温、毒辣的大太阳下，军姿一站就是两个小时；负重越野跑，一不小心掉了队也许就真的回不了家；天天是大量的行军和野外生存训练；实弹训练扔手榴弹，体力不够或者没掌握好要领，炸死的可能就是自己。

很多人受不了这种苦，哭鼻子抹泪想逃回家。

面对困难，小凌下定决心："如果只有一个人能够毕业，那个人就一定是我！"

最后，小凌以优异的成绩通过了军训，真正成为了一名全能的医务人员。

心灵悟语 若想在蓝天自由飞翔，当你还是雏鹰时，就要培养独立坚强的个性，只有这样才会得到更多。

勇于推陈出新

1950年，董明珠出生在一个普通的家庭。

1990年，在南京一家研究所工作的董明珠辞职南下，成为珠海当地一个名叫海利的小空调厂的推销员。

董明珠成为业务员后的第一个任务就是要账。

市场经济发育之初的不成熟和法制的不健全，给了许多经销商损害生产企业利益的机会，比如拖欠货款，因此一个好的业务员必须是个好的追债能手。这对不能喝酒不擅长拉关系的明珠是个巨大的挑战。

在"挨了不知道多少白眼，没有睡过一个安稳觉"的40多天里，她对一个企业老总软磨硬泡，明谈判暗较劲，终于追回了一笔几十万元的货款。

之后的日子里，无论担任业务员还是更高级的职位，董明珠始终坚持"先付款后发货"，并因此被业内称为"游戏规则的破坏者"。

然而，董明珠在她的自传中写道："事实证明，我就是做营销的这块料。"

董明珠当年栽下的这棵“小树”，已经亭亭如盖可供后人乘凉了——这项财务制度，使得生产企业免受销售商回款之累，为企业的资金流动带来了极大的保障。

七年后，董明珠不再满足于扮演“游戏规则的破坏者”，开始尝试着成为“游戏规则的制定者”。

在她的提议下，格力创立了一种“既有别于国际代理制又符合中国国情的崭新销售模式”。简单说来，就是在一个销售区域内，建立由格力控股，各销售商以入股的形式共同组成的区域销售公司。同时通过“淡季返利”、“年终返利”等模式实现了企业利润的高速增长。

这种模式把销售商和生产商的利益捆绑在一起。对生产商来说，保证了产品和服务的统一，而对销售商来说，也有了稳定的货源和固定的市场份额。这种销售模式一出现就受到业内普遍关注，甚至被当时的经济学界称为“20世纪全新的营销模式”。

次年，依此销售模式建立的湖北格力销售公司销售额超过5亿元，各销售商的红利都超过了本钱。董明珠因为其出色的销售谋略能力被业内称为“营销女皇”。

如今，董明珠已经成为珠海格力电器股份有限公司的总裁。

心灵悟语 的确，推陈出新需要巨大的勇气，但如果你能够做到这一点，就等于消除了现存的弊端，为提升自我奠定了坚实的基础。

4. 勇于挑战

生活是靠自己创造的

曾经有个老木匠准备退休了，他告诉他的老板自己年纪大了，不想再做盖木房子的活计了，他知道这样收入会少些，但还是决定退休，想和老伴过过清闲的退休日子，享受晚年的生活。虽然他也会惦记这段时间里还算不错的薪水，不过他还是觉得需要退休了，生活上没有这笔钱，也是过得去的！

老板舍不得他的好工人走，问他看在多年的交情上是否愿意再帮忙盖“最后一栋房子”。老木匠答应了。但很容易看得出来，老木匠的心已经不在盖房子上面了：他用的是软料、次料，出的是粗活，所以手工非常粗糙，工艺做得更是马马虎虎。

老木匠穷其毕生最后的精力，却将这“最后一栋房子”盖得这么差，真是惭愧！其实，用这种方式来结束自己的职业生涯，实在有点不妥！老木匠终于草草地完成了“最后一栋房子”，他请老板来验收。

老板来到房子前面，见到老木匠，递过一把钥匙给老木匠，拍拍老木匠的肩膀，诚恳地说：“这是你的房子，是我赠送给你退休的礼物！”

老木匠震惊得目瞪口呆，羞愧得无地自容。事到如今，返工已不可能，如果他早知道是在给自己建房子，他怎么会这样呢？他一定会用最好的材料、最高明的技术，然而现在呢，却建成了“豆腐渣工程”！可是一切已经来不及了，现在他得住在一栋粗制滥造的房子里！他只能自作自受。

老木匠这时痛心疾首，因为他一辈子的“英名”就这样毁了，同时还要接受惩罚，让自己人生的最后阶段住在这栋让他一辈子感到耻辱的房子里。后来老木匠含着对自己的恨离开了人世，在离开人世之前，他在这栋房子的大门上装了一个大匾，上面写着：

“生活是自己创造的。”

心灵悟语 你今天的生活，取决于昨天的态度和抉择；而你明天的生活，也会反映出今天的态度和抉择。

我们又何尝不是这样，总是在漫不经心地经营我们的生活，在建造生活这栋房子的时候，我们常常是消极应付而不是积极主动，凡事不肯精益求精、追求卓越。在关键时刻又不肯尽最大努力，而让自己做出来的事情不太完美。

我们常常找好多理由来原谅自己在生活中不去尽力,原谅自己在生活中敷衍、懈怠。直到看到自己的成品，发现将住在自己所盖的“房子”之后，我们才感到震惊！猛然间我们面对自己目前的局面却措手不及。如果之前就知道自己会生活在自己的创造品下，就不会这样了！

一个普通女孩的故事

1985年，万小玲出生于江苏泰州的一个贫困农村家庭。一家六口住在破旧的“危房”里。

万小玲读初一的时候，她的三个姐姐全部出嫁了，她之前被姐姐们呵护的“泡在蜜罐里”的日子也就随之消失了。

高中的生活费使全家人一筹莫展。万小玲高中时一个月的生活费只有35元，每天只能花一块钱。

上高中后，她一个月回家一次。为了省钱，每次她都是骑自行车往返，单程就是80千米。

上高中三个月后，看着父母的艰辛，万小玲的精神负担越来越重。在一次次激烈的思想斗争后，她毅然决定退学，去挣钱改善家庭生活状况。

最后，万小玲说服了父母，拒绝了班主任三次登门劝说，退了学。最终班主任只是给了她一封信，信中说：“也许这次退学是一次辉煌的结束，但是，我更希望它是另一个辉煌的开始。人生有很多路可以走，希望你找到一条更广更宽的路。”这些话给了她莫大的鼓励。

辍学后的万小玲，心中唯一的念头就是让父母不再辛苦。

后来，在村干部的照顾下，她在家乡的中心实验小学为一个休产假的老师代了一个学期的课。当时每月的工资只有300元，不管吃住，但对于她来说，终究也是新生活的开始。

代课的工作结束后，她在姐姐的建议下，只身一人去了济南，做了一个月的摄影师助理、三个月的化妆师助理，由于收入太少，后来又改做推销员。

在两个月的推销工作中，她经历了无数次碰壁，受到了太多鄙视。她把赚来的钱一点点存起来，默默忍受别人口中“小气鬼”的指责。

一年后，她来到了天津，应聘到一家只招中专以上学历人员的电子厂。也许是看中了她的细心，公司副总破格录取了她。从此以后，她的收入也稳定了许多。为了家里能有个新房，她把自己工作以来所有的积蓄都寄回了家。当她七月从天津返家时，新房也基本建成了。她如释重负，父母终于有了像样的栖身之所。

即便是有了稳定的工作，万小玲依然抱有求学的愿望，而且这种愿望越来越强烈。在高中班主任的帮助下，她在县职业中专的高中部学习了一年多。

后来，她凭借自己的实力和努力在五年后又回到上过三个月学的县二中学习。三年后，万小玲通过自己不懈的努力，终于考取了她梦寐以求的大学——江南大学。

心灵悟语 生活中，我们很多时候都会面对困难，此时，只要你能够奋力拼搏、自强不息，困难就会被踩在脚下，我们就会成为生活的强者。无论何时，都要相信——经历过风雨终将见到绚丽的彩虹。

开拓人生发展新境界

邓中瀚是中国科技大学本科三年级学生的时候，就以个人名义获得了挑战杯全国大学生科技创新奖。

从那时起，他就树立了科技报国的梦想，全身心投入到信息技术的创新和研发中去。

在信息产业中，芯片是核心技术，决定着整个行业的发展方向。邓中瀚和他的同事致力于国产图像处理、摄像等芯片研制，但是面对索尼、飞利浦等行业巨头的垄断地位，需要具备坚韧的性格，付出艰辛的努力。

几年后，邓中瀚与同事到日本推销芯片，拜访了索尼公司的一位主管。但是，对方没有等他们把话讲完就表示，索尼有几千项这样的产品、几百个这样的专利，索尼是这项技术的鼻祖。

这段经历给邓中瀚留下了难以忘却的记忆，也激发了他迎接挑战、卷土重来的信心。他和团队成员依靠过硬的技术终于把自己的产品打进了飞利浦、三星等国际企业，并在2005年使索尼新一代笔记本电脑上的摄像头植入了“星光中国芯”。

2005中国经济年度人物“年度人物奖”最终落在了青年才俊邓中瀚的身上，他领导中星威电子公司研制的“星光数字多媒体芯片”植入了飞利浦和索尼的产品。而这一辉煌成就的取得离不开他多年来忍辱负重、致力于核心技术的创新和开发工作。

心灵悟语 当今世界为每个人提供了各种成功的机会，但是这种成功是一种个性化的东西，因为我们必须走一条别人不曾走过的路才能实现目标。随着知识经济的兴起、网络信息时代的来临，具备创新意识、培养创新精神，已经成为我们适应未来社会挑战的基本素养。

挑战自我，创造辉煌

威尔森在年幼时就被诊断出患有癫痫病。她的父亲习惯每天晨跑。

有一天，戴着牙套的威尔森兴致勃勃地对父亲说：“爸爸，我特想每天跟你一起慢跑，但我担心中途病情会发作。”

她父亲回答说：“你放心，即使发作，我也知道如何处理。我们明天就开始跑吧。”

于是，十几岁的威尔森就这样与跑步结下了不解之缘。和父亲一起晨跑成为她一天之中最快乐的时光。跑步期间，威尔森的病竟然一次也没发作。

几个月后，她向父亲表示了自己的心愿：“爸爸，我想打破女子长距离跑步的世界纪录。”吉尼斯世界纪录中女子长距离跑步的最高记录是80英里。

正在读高一的威尔森为自己订立了一个长远的目标：“今年我要从橘县跑到旧金山(400英里)；高二时，要到达俄勒冈州的波特兰(1500多英里)；高三时的目标在圣路易市(约2000英里)；高四则要向白宫前进(约3000英里)。”虽然威尔森的身体状况与正常人不同，但她仍然满怀希望与热情。对她而言，癫痫只是偶尔给她带来不便的小毛病。她没有消极畏缩，相反地，她更珍惜自己已经拥有的。

高一时，威尔森穿着上面写着“我爱癫痫”的衬衫，一路跑到了旧金山。她父亲陪她跑完了全程，做护士的母亲则开着旅行拖车尾随其后，照料父女两人。

高二时，她身后的支持者换成了班上的同学。他们拿着巨幅的海报为她加油打气，海报上写着：“威尔森，加油!”

但在这段前往波特兰的路上，她扭伤了脚踝。医生劝告她立刻中止跑步：“你的脚踝必须上石膏，否则会造成永久的伤害。”

她回答道：“医生，您不了解，跑步不是我一时的兴趣和逞能，而是我一辈子的最爱。我跑步不单是为了自己，同时也是要向所有人证明，身有残缺和疾病的人照样能跑马拉松。请您想方法让我跑完这段路。”

医生表示可用黏剂先将受损处接合，而不用上石膏；但他警告说，这样会起水疱，到时会疼痛难耐。

威尔森二话没说便点头答应。

威尔森终于来到波特兰，俄勒冈州州长还陪她跑完最后一英里。一面写着红字的横幅早在终点微笑着向她招展：“这位特殊的长跑女将——威尔森在17岁生日这天创造了辉煌的纪录。”

心灵悟语 威尔森的坎坷经历，向人们展示了自强者不断挑战自我的勇气，也告诉人们身有残缺的人同样能创造生命的辉煌。

善于冒险，尝试成功

1837，摩根出生在美国康涅狄格州首府哈特福。他的父亲最初是一家干菜批发店老板，销售干菜，后来，与美国著名的银行家皮鲍狄合伙在伦敦开了皮鲍狄公司，专门经营美国的国债、州债、股票等买卖。

大学毕业后，摩根回到了美国，供职于邓肯商行。

一次，摩根从古巴采购海鲜回来途经新奥尔良时，在码头上遇到一个急于抛售咖啡的巴西船长，这人说：“这只船的买主已经破产，只能自己推销，可以半价出售。”

摩根听后，立即上船验货，觉得成色不错，便以邓肯商行的名义买断，同时给邓肯商行发去电报，但商行回电却严加指责：“不许擅自用公司名义！马上退货！”

摩根在愤怒之余鄙视邓肯商行毫无商海战略眼光，坚信此役必胜。于是，他求助父亲，把挪用邓肯商行的钱款还清了。他并未就此罢休，一连买下其他船只的咖啡。

就在摩根买下这批咖啡不久，因受寒潮影响，巴西咖啡减产，咖啡价格猛涨 2 ～ 3 倍，他把咖啡卖了出去，赚了一大笔钱。年轻的摩根旗开得胜。父亲在咖啡交易中看出儿子的经商潜力，便拿出很大一笔资金，为摩根在曼哈顿开办了一家商行——摩根商行。

摩根商行开业不久，一个投机商人来找摩根："有一笔黄金买卖，想不想干？"

摩根回答："只要能赚钱，为什么不干？"

投机商人说："那好，我们先同皮鲍狄先生打个招呼，500万的黄金，你的商行和他的公司共同付款，但要秘密进行……"

"然后呢？"

"将一半黄金给皮鲍狄汇往伦敦，剩下一半我们留着。一旦皮鲍狄黄金汇款的事传出去，而查理斯敦的北军又战败时，黄金价格肯定暴涨，那时候，我们再抛售手中的黄金，不就会大赚一笔吗？"

"好极了！"

摩根钦佩投机商人的老谋深算和预见能力，并且马上付诸行动。

果然，如预料的一样，不久金价狂涨。摩根恰到好处地把手里的黄金全部抛出，着着实实地赚了一大笔钱。

羽翼渐丰的摩根，充分显示出他的才干。

一天，摩根收到父亲的来电，说林肯总统与英国政府私下达成协议，由美偿付英100万英镑，英终止向南方军队提供炮舰。得到消息后摩根迅速买进大批黄金。当市场上的黄金货源告罄时，当美国政府收购黄金付给英国时，黄金价格一夜之间涨了好几倍。摩根把手中的黄金全部抛出，结果财源滚滚而来。

在华尔街已取得地位并成为银行家一员的摩根，开始把眼光投向铁路、钢铁等其他领域。

摩根先是夺取了全美最重要的一条铁路——萨斯科哈那铁路的实权，接着为范德比尔特的纽约中央铁路公司成功销售了2500万美元的股票，又不断地把各家倒闭的铁路公司收买下来，到1900年发展成为美国最强大的铁路公司。

与此同时，摩根用融资的手段合并了美国中西部的一系列中小钢铁公司，成立联邦钢铁公司，接着收购了卡内基钢铁公司，于1901年4月1

日，成立了US钢铁公司。

从金融到铁路、钢铁……以摩根公司为轴心，进行董事连锁领导，形成组织严密的“摩根体系”。因此，人们把摩根比喻为华尔街的“众神之王”。

摩根取得诸多成就最重要的因素之一就是善于冒险。每当机会出现时，摩根就把它牢牢抓住，其敢于冒险的投机家的性格和胆略表现得淋漓尽致。

心灵悟语 可以说，只有敢于冒险、敢于拼搏，才能从一个无名小辈，发展成为一个有成就的伟大人士。

5. 自我完善

戒除贪心

小王、小孟、小周是同在机关工作的朋友，因为不满足一杯水、一根烟、一张报纸看半天的工作状况，三人决定合作开办一家公司。

由于他们所在的机关本来就是管理城市建设的，所以他们志趣很容易统一在了建筑领域。

小王是学工程设计的；小孟在单位负责财务工作；小周是机关秘书，没有从事建筑领域的实际经验，但是因为长期跟着领导的关系，方方面面比较熟悉，考虑问题也比较成熟。

开办公司的想法是小王先提出的，但他既没有经验，也没有资金。小孟、小周二位举手赞成后，这些问题在大家的努力下，居然迅速解决了。

于是，这三个人组成了黄金搭档。在以后的四年间，三个人没日没夜地干，小周负责公司的对外联络，小王负责公司的工程设计，小孟担任公司的财务总管。

由于正赶上全国房地产热，广州的楼市不断升温，在不到四年的时间里，公司的财产额持续上升，逐渐成为广州建筑界小有名气的民营建筑公司。

然而，公司获得发展的同时，这三人的合作却没有持续下去。他们三人分别负责公司的三大部分业务，四年期间逐渐都有了自己的班底，俨然构成三大派系。他们的手下为了争夺利益，不断在自己的领导面前吹风，制造不和。

而这三位老板也早已经相互不服气。四年期间，小周因为经常在外联系，门路更广，加上对建筑技术不了解，逐渐把兴趣转到炒作楼市方面。而小王的兴趣点也逐渐集中到建筑设计上来。本来他们是按照三三制分成的，伴随利润的增加，谁都对这种分配比例不满意了。

人有贪心，则心有私欲。小王认为公司全靠他摸爬滚打才有今天的规模，而另两位只是动嘴皮子，耍笔杆子，居然也要平均分成，他很不服气。

小周只热心做楼市投机生意，对公司向实业化发展兴趣不大，他还对小孟的财务持怀疑态度。眼看公司业务低落，三个股东的分家也提到了日程上来，大家都知道分家对谁都没有好处，无奈各有奋斗的目标和追求，只好各奔东西。

心灵悟语 在上面的故事中，三个好朋友在公司创办之初都能共同奋斗，但是当公司发展壮大后却产生了各自的想法，结果不能把力气用到一处，最后分崩离析。

做事的时候，需要大家忠诚合作、团结一致，在面对巨大的利益时，要戒除贪心，这样才能真正做到同舟共济、共同发展。所以，想要经营好合伙关系，我们要善于忍耐自己的贪欲，克制自己不切实际的想法，才能彼此忠诚、利益共享。

具备与人合作的心态

在《三国演义》中，刘备最初只是一个贩卖草鞋的人，但是他最后成为一方霸主，这离不开他善于与人合作的智慧。

刘备先后投靠过公孙瓒、袁绍、刘表、曹操，始终没有自己的根据地和部队。最后他接受别人的举荐，请诸葛亮出山，结果有了著名的《隆中对》。

诸葛亮提出了“联吴抗曹”的外交政策。有了诸葛亮的帮助，刘备的事业有了很大发展，队伍也逐渐壮大起来。

结果，在“联吴抗曹”中，刘备终于抵挡住了百万曹操人马的进攻，在群雄中脱颖而出，天下三分占据其一。但是，刘备一向小视东吴，他并没有延续“联吴抗曹”的战略。

后来，曹操利用孙、刘之间的矛盾，消灭了关羽，一举解除了襄樊的威胁，同时也使蜀汉失去了荆州这块战略要地。后来诸葛亮几度对魏国用兵，都只有出秦川这一种选择，而无法“命一上将将荆州之众引向宛洛”，结果失去了两面夹击进攻魏国的优势。

可见，善于与人合作，使刘备有了“三分占据其一”的历史地位，而不能完全与东吴合作，则使他没能最终完成一统江山的雄伟事业。

心灵悟语 “一个和尚挑水喝，两个和尚抬水喝，三个和尚没水喝”，这是一则关于合作才能有所得的寓言故事。

与人合作的一个重要内容就是善于借助他人的智慧和帮助，使自己走上成功的道路。所以，在处理各种关系时，我们要具备与人合作的心态，才能把事情做好，否则就会陷入一种无作为状态，使自己蒙受巨大损失。

脚踏实地是成功的基石

我国东汉时期的王充是一位杰出的哲学家、思想家，他的著作《论衡》是宝贵的精神财富。

在这部20多万字的著作里，作者论证了潮汐与月亮运行的关系、云雾与雷电形成的原因等丰富多彩的科学知识，在批判鬼神思想的同时，鲜明地提出了无神论的观点。

这一伟大作品的问世，凝聚着王充30多年的心血，以及他对许多自然科学知识的熟知，这些成就的取得都离不开他踏实做事的个性。

王充从小就聪慧好学，尽管家境贫寒，但是父母仍然想办法让他上学念书。后来，成绩优异的王充被保送进京都洛阳太学深造。

在知识的海洋里，王充不追求浮华的内容，而是把所有的精力都放到了勤学苦读中，比身边的人都踏实。而当太学里的知识不能满足自己的需要时，王充更积极主动地到外面的书坊里苦读。

王充这种踏实学习的做法使他积累了丰富的知识，为后来的成功写作奠定了坚实的基础。

心灵悟语 实现自己的预期目标，必须借助脚踏实地的行动才能完成。没有辛勤劳动、努力付出，就不能有所收获，只能浪费宝贵的时间、虚度光阴。一些人终日碌碌无为，不能静下心来做事，结果形成了恶性循环，使自己的生活陷入了空虚的状态。当我们面对远方的目标，遇到困难和挑战时，一定要具备踏实做事的个性，才能梦想成真。

从善如流

魏徵性格耿直，在朝廷上敢说真话，因此得到唐太宗的赏识。

有一次，魏徵在朝堂上与唐太宗争得面红耳赤。唐太宗本想要发火，但是又担心以后没有人给自己提意见，所以怒气冲冲地跑回后宫。

长孙皇后看到这种情形忙问怎么回事，唐太宗愤愤不平地说："魏徵这个乡巴佬，气死我了，他竟然当着群臣的面侮辱我，总有一天我要杀掉他！"

长孙皇后听了没有说话，她返回内室换了一套朝见的礼服，然后向唐太宗下拜。

唐太宗吃惊地问这是做什么，长孙皇后从容地说："我早就听说过，英明的天子会有正直的大臣，魏徵这样正直做事，说明了陛下是一个英明的君主，我当然要向陛下表示祝贺了！"

唐太宗听了这些话，立刻醒悟过来，心中的怒火立刻熄灭了。正是由于听从魏徵的意见，善于采纳长孙皇后的中肯评价，唐太宗才做到了知人善任、选用贤才，并且开创了"贞观之治"的发展局面。

心灵悟语 “从善如流”指听从好的、正确的意见，就像流水向下那样迅速、自然。我们作各种决策，都需要广泛听取他人的意见。特别是对那些中肯的意见，更需要善于采纳，从而对自己的工作和生活产生巨大的帮助。

不要忽视小人物

在一家事业单位，行政科和财务科两个部门的科长都是大学毕业，年龄、特长相仿，都非常有才华。

行政科科长为人和善，善于走群众路线。每次出差，他总是不忘带点小礼物、小玩意儿给大家，因此很得人心。而财务科科长虽然同样业绩不凡，但在处理人与人之间的关系时，严厉有余，温情不足，有时甚至很不通情达理，缺少人情味。

有一次，单位传达室晓丽的父亲得病了，晓丽把老人送到医院，急急忙忙赶到单位，迟到了几分钟。往常八点半就能送到财务科的一份财经报纸九点钟才送过去。

虽然晓丽平时工作勤恳、兢兢业业，从不耽误大家看报纸或收发各种信件的时间，但这位财务科科长还是对她进行了严厉的批评，并当着众人的面对晓丽近来的工作作了不切合实际的评价，弄得晓丽心里很不愉快。

从此，晓丽表面上还是对财务科科长毕恭毕敬，工作也完成得非常好，但骨子里却对他生起了怨恨。

巧的是，晓丽是单位的一把手的亲戚，并爱传播各类消息。正所谓物以类聚，与她关系好的同事也大多是这样的人。她们不断地造出些是非，或抓住财务工作中的一点小小的失误，并将事情不断地放大。

就这样，一次次人前一套人后一套，在不断地诋毁财务科科长的同时还赢得了大家的一致好评。

后来，在一次人事调整中，行政科科长由于工作业绩颇佳，而且口碑甚好，被提拔为副处长。而那位财务科科长尽管工作干得也不错，但他有失人情味的管理方式，不利于留住人才，只好继续留在原来的岗位上。

心灵悟语 晓丽的做法固然不可取，但是现实生活的复杂提醒我们，要时刻注意身边的各种人物，对那些“小人物”我们要保持友善的态度，重视他们的独特作用和特殊价值，不能在小河沟里翻了船。能很好与“小人物”相处的人，往往能够热心帮助别人，结果是双方受益；不能很好与“小人物”相处的人，那些“小人物”也不会给你提供方便，结果使自己遭受很大损失。所以，不要轻易得罪“小人物”，也许有一天他们就会在关键时刻成为影响我们前程和命运的“大人物”。

谦虚为人

明朝末年，农民起义军掀起了反抗斗争，李自成参加革命队伍以后很快发展壮大。

占领西安后，李自成定国号为大顺，顺势攻下了北京，明朝灭亡。

当时，全国各地逐步控制在起义军的手中，只有北方驻防山海关的吴三桂成为严重的威胁。李自成受到吴三桂和清多尔衮的夹击，损失惨重。而北京城中起义军将领则在都市豪华生活的诱惑下，日益骄奢淫逸，军队上下都丧失了斗志。

最后，李自成领导的农民军逃离北京，到达陕西，后转战湖北，走向了彻底失败。李自成在起义之初之所以能够成功，与他的谦虚谨慎有很大关系。能够密切联系百姓、奖励士兵、艰苦奋战，这是起义军力量逐渐壮大的关键。

然而，在建立大顺政权，特别是推翻明朝统治后，李自成带领的军队开始在北京城享乐，轻狂自大，军纪废弛，结果被吴三桂引清兵入关一击，功败垂成。

心灵悟语 在生活中，许多人开始的时候往往踌躇满志，能够艰苦奋斗，但是时间一长就没有了最初的激情，取得成绩以后更是目空一切；结果在工作中开始裹足不前，原地踏步。骄傲导致自满，自满导致懈怠，而懈怠是我们在人生发展中走向失败的根源。所以培养谦虚为人、谨慎做事的性格，避免轻狂自大，是我们奋发有为的重要依托。

不要捡了芝麻丢了西瓜

美国一位伐木工人失去了一条腿，令人难以置信的是，那是他自己锯掉的。

原来，有一次他独自一人开车到很远的地方去伐木。一棵被锯断的大树倒下来时因为撞到旁边的大树弹了回来，伐木工人躲闪不及，结果自己的左腿被树干牢牢地压住了。情况十分危急，一方面伐木工人的腿血流不止，钻心的疼痛使他眼前发黑；另一方面，他努力呼喊，却没有人回应。

周围十几里内没有一个人，这样下去不出几个小时他就会因为流血过多死去。只能靠自己了，他用力地把腿往外抽，但是腿被粗大的树干牢固地压在下面，纹丝未动。

于是，伐木工人拿起身边的斧子，想把树砍断，可能因为用力过猛，斧柄折断了。伐木工人绝望了，他忍受着痛苦又朝周围看了看，还好不远处有把电锯。他用树枝弄到了电锯，准备行动，然而倾斜的树干会把锯条夹住，最后的希望也落空了。

难道只能坐以待毙吗，脱险的欲望促使他寻找各种生机。最后他想到了用电锯锯断自己被压住的大腿。这在常人看来难以置信，但是为了保全自己的性命，他只有这样做了。

伐木工人忍受着巨痛完成了这一壮举，然后爬到汽车上，最后终于脱离了险地获救了。这是一次生命的赞歌，也是个人为了保全整体而牺牲局部的明智做法。当他拿起电锯的时候，应该需要怎样的决心和勇气啊。

心灵悟语 我们周围的世界是复杂的，这要求我们在遇到各种问题的时候必须善于把握大局，不能被一时的利益遮蔽了自己的视野。我们常常说，一个人要成熟起来，说的就是要使自己具备妥善处理各种问题的能力，而顾全大局是其中关键的一点。

6. 完美规划

知道自己要什么

有一个年轻而特别的中国女孩，虽然她的外表纤弱，可人们却称她为“一个强而有力的女孩”。

1992年冬天，当时就读于中国人民大学国际金融系一年级的女孩，便以优异的成绩获得了达特茅斯学院的全额奖学金。她带着全家人的希望、朋友的祝福和同学的羡慕，只身一人来到美国达特茅斯学院读经济系。

女孩到美国的第一个生日没有人给她庆祝，她是在学校的食堂里读着爸爸的来信度过的。

读完爸爸的信，她心中有些茫然：“我为什么要这样远离家人千辛万苦地跑来美国？就算我在这儿念完四年大学又如何呢？我的目标是什么？走着没有目标的路，何以回到我亲爱的祖国见父老乡亲？”

她是一个有主见的女孩子，并没有因一时的茫然而放弃学业。

她没有让亲人失望，经过许多孤独日子的勤奋学习，她在每个学期都能交出近乎完美的成绩单，甚至微积分也能拿到全班第一。

女孩就这样在孤独与勤奋苦读中度过了在美国的四年学习时间。

临近毕业时，女孩经过30个企业高层的面试后，在高手如云的众高才生中脱颖而出，成功地进入美国最著名的摩根士丹利投资银行担任分析师，主要负责企业并购。

1998年，她因工作需要回到香港，加入摩根士丹利亚洲分公司。一年后升任经理。

后来，由于工作上的接触，她对凤凰卫视有了初步的了解和认识。恰在此时，凤凰卫视负责人向她发出了邀请，希望她能加盟凤凰卫视中文台。

经过几个小时的考虑后，女孩作出了一个大胆的选择：辞掉摩根士丹利投资银行的工作，加盟“凤凰”，做她心仪已久的媒体工作。

于是，三个月后，优秀的女孩作为凤凰卫视的财经主播，把自己的专业和兴趣完美地结合在了一起，目前她主持的栏目包括《财经点对点》、《财经今日谈》和《凤凰正点播报》。

坚定的判断力、专业的财经知识、敏锐的意识触觉、高度的社会良知，使这个女孩很快就成为一名出色的财经女主播，并迅速获得了来自各方的赞誉。她笑谈风云，在加盟凤凰卫视后又成为中国许多企业家的座上宾，用她那智慧的话语与他们讨论着天下财经大势。

这位风度翩翩和气质高雅的美女兼才女，用她那甜美的嗓音和丰富的财经理论与实践经验征服着无数的目光，她就是曾子墨。

心灵悟语　其实，每个人都有一个适合你发展的机遇，只要你知道自己要什么，并能为之而努力，将你的经历与兴趣相结合，找出一条适合自己的路，你就会拥有绚烂的人生。

适合自己的最重要

陈红是一名幼师，她喜欢这个职业，喜欢和孩子们在一起，但在一次偶然的事件中，由于家长的不理解，她不得不离开幼师这个岗位。

陈红把所有的眷恋和不舍绘织成记忆统统埋在心底，收拾心情，收拾那些被搁在角落已久的证书、个人简历，开始了新的求职历程。陈红不停地打听各类人才招聘会的时间、地点，并满怀希望地去过两次，但都没有中意的，她不得不继续寻觅。

一次人才洽谈会，陈红备齐了资料，兴冲冲地去了。人很多，挤来挤去。她挤进去一个一个地看，一个一个地对照，只要符合自己学历，又有点懂得的，她都会去看看。

不知不觉走到幼师招聘处，那是陈红的伤痛，她很冷静地站在那里，看那些来应聘这个岗位的人询问待遇、工作情况等，好几次想问点什么，话到嘴边又咽了下去，最终狠狠心转身离开了。

陈红在人群中穿梭，直到走完了四个教室、所有的摊位，却还是一无所获。可陈红是那样的不甘心，于是，又挤了进去。

看着那些应聘者对答如流，陈红好不容易鼓起的勇气又被消磨光了。

后来，陈红又应聘了好几次，但最终还是一个“无业游民”。有朋友提出去网上找工作的建议，于是，陈红在宁波人才网上留下了自己的个人资料，但是，并没有抱太多的期望，过后也就忘了。

一天下午，陈红的电话响了，对方开门见山地说：“我在网上看到了你的简历，我们康复中心正需要一位老师，你是否愿意过来？”

陈红很开心，一下子就答应第二天去见面，挂了电话，她一直在想康复中心将是一个什么样的地方。

第二天，陈红走进了让她疑惑不已的康复中心：绿色的地毯，色彩鲜艳的玩具，孩子们的世界呀！那一刻她在心里义无反顾地选择了留在这里。

陈红发现自己仍然是那么喜欢孩子，喜欢原来的职业。于是，陈红告别了自己的“流浪生涯”，成了残疾人康复中心启智部的实习老师，开始涉及特殊教育。

在三个月的试用期里，她一边进行特殊教育理论学习，一边结合幼儿园教育理论进行实践，顺利通过考核，提前半个月和康复中心签订了合同。

几个月后，康复中心进行管理体系改革，语训部与启智部合并为教育康复部，陈红负责教育康复部的部门档案管理工作，同时当选了中心团支部文体委员。

这时，陈红才知道，最适合她的依然是教育工作。

心灵悟语 也许，你会为自己的人生作一个规划，也许你也会为之拼搏努力，然而，当你发现无论自己怎样努力都达不到预期效果的时候，就意味着这个规划是不正确的，它并不适合你。这时，你就要重新选择最适合自己的目标，这样你才能登上人生的顶峰。

科学预见是掌控未来的关键

公元前342年，魏国派兵攻打弱小的韩国。韩国立即向齐国求救，于是以田忌为主将、孙膑为军师的齐国部队出兵伐魏，结果与太子申和庞涓率领的魏军相遇。

当时，齐军的势力要比魏军弱小，怎样战胜对手是孙膑需要认真考虑的问题。他深知魏兵强悍善战，但是却有轻视齐军的传统，所以他判断魏军一定会骄傲轻敌、轻兵冒进。

在这一基础上，孙膑制定了利用敌人轻敌心理“示形误敌、诱其深入、伺机歼敌”的作战方针，并得到齐军主将田忌的赞同。有了前面的准确判断，孙膑又进行了周密的调查，对周围具体的战场地形条件进行了认真研究，最终确定了“减灶诱敌”、“设伏聚歼”的作战方案。

这一科学预见为齐军最后歼灭敌人、获得胜利奠定了坚实的基础，使他们牢固地把握了战争的主动权。按照预定方案，齐军同魏军稍稍接触后就立即佯败撤退。

为了诱使魏军追击，齐军第一天挖了可供十万人煮饭用的土灶，第二天减少为五万灶，第三天减少到三万灶，从而显示出大批士兵逃亡的假象。

果然，庞涓看到齐军逐渐败退，又天天减灶，断定对方已经斗志涣散、不堪一击。由于求胜心切，庞涓只带着部分轻装精锐骑兵拼命追赶。最后，孙膑就利用马陵一带道路狭窄、树木茂盛的有利地形，歼灭了追兵，然后乘胜追击，连续大破魏军。

心灵悟语　在现实生活中，我们必须具备超前意识、做到科学预见，这样才能顺利掌控命运、主动应对挑战，并能早日赢得成功，获得幸福与快乐。

忠于自己的做事准则

她的童年时光是在加拿大渥太华郊外的一个奶牛场里度过的。

那时，她在农场附近的一所小学里读书。有一天，不知道为什么她回家后很委屈地哭了。爸爸见状就问她怎么了。

她抽泣着说："爸爸，我很丑吗？班里一个女生说我长得很丑，还说我跑步的姿势难看。我真的很丑吗？"

爸爸听后，充满怜爱地微笑着说："亲爱的，你信不信，我能摸得着咱家天花板。"

正在哭泣的她听后觉得很惊奇，她不知道爸爸想说什么，就反问："你说什么？"

爸爸又重复了一遍他的话："我能摸得着咱家的天花板，你相信吗？"

这时，她忘记了哭泣，仰头看看天花板。那可是将近4米高的天花板啊！爸爸不高大的身体怎么可能摸得到呢？她无论如何也不能相信爸爸说的话。

爸爸笑笑，有些得意地说："你不相信吧？那你为什么要相信那个女孩说的那些话呢？因为有些话并不真实可信，而且不是事实！"

这时，她终于明白了这样一个道理：不能太在意别人说什么，凡事要有主见。

25岁的时候，她已是个颇有名气的演员了。

有一次，按照演出安排，她要去参加一个集会，可临出发前经纪人告诉她，由于天气状况不好，只有很少人会参加这次集会，会场的气氛可能会有些冷淡。

经纪人认为，她应该把时间花在一些大型的活动上，以增加自身的名气。但是，她并不这么想，坚持要参加这个集会。

结果，那次在雨中举行的集会，由于有了她的参加，广场上的人越聚越多，她的名气和人气也因此骤升。后来，她又自己做主，离开加拿大去美国演戏，从而闻名全球。

她就是美国著名女演员——索尼亚·斯米茨。

心灵悟语 无论人生路上有多少坎坷，很多时候我们都要忠于自己的做事准则，相信自己的判断能力，因为没有人比你更了解你自己。

要为自己的生命找出口

有一次上时间管理的课程，金惠珍老师问大家："各位觉得自己的时间大多浪费在哪儿？"

一位小姐递了一张纸条过来，上面写着："我家住在桃园，公司在台北，每天来回必须花三个小时在车上。虽然有座位，但是车上很吵，摇晃得很厉害，所以我不能在车上听音乐、看书。我不想搬家，也不想换工作，更不愿自己开车，前一天我总是睡得很足，所以不必在车上补觉。请问我该如何节省这每天三小时？"

这位小姐的题目有挑战老师的味道。

金惠珍回答道："在时间管理上，我们必须分辨出哪些事情是我们可以掌握的？哪些事情是我们不能掌握的？车上很吵，车子摇晃，这不是我们所能掌握的，自己能够掌握的，就只有换工作、搬家或自己开车。也许想要和家人同住，所以不想搬家，这是可以理解的。自己很喜欢这份工作，舍不得换工作，也是可以被接受的。不换工作、不搬家、无法自己开车、不能在车上听录音带，剩下可以改变的，只有前一天少睡一两个小时，利用这少睡的时间看书、准备功课、运动……然后，第二天再利用在车上的时间补觉。可是，这位小姐竟然每天在家还睡得足足的，第二天反而在车上发呆，别人还能提供什么好方法呢？”

心灵悟语 基督教有一句话说：“上帝关了这扇门，会在另一个地方再开一扇窗。”当别人把自己的去路堵住时，一般人都会想办法找别的出路。这位小姐一再地把可能的解决方法都堵住，别人可就帮不上忙了。我们要为自己的生命找出口，而不是为自己的失败找借口。